信山社双
入門編

現代行政法入門

宮田三郎 著

信山社

第2版はしがき

　本書を刊行してから，9年が経過した。その間に，行政事件訴訟法などの重要な法改正が行われたので，本書の全面的な改訂を行うことにした。

　改訂にあたり，信山社の袖山貴氏にはご配慮をいただいた。心から謝意を表するしだいである。

平成24年1月

　　　　　　　　　　　　　　　　　　　　　　　宮　田　三　郎

はしがき

　行政法は，抽象的で具象的でないため取っ付きにくいし，行政に関する法律の数が余りにも多くて，これを全部読む気にはならない。したがって行政法は一般に敬遠されがちである。しかし最近では，例えば，新聞記者がブレンド米をどのようなものにするかは米屋の「裁量」であるという記事を書いたり，政治家が国会議員に対し辞職勧告をするかどうかについて「重大かつ明白な違法性がない」などと言ったりするから，行政法の専門用語もかなり身近になっているように見える。しかし，複雑多岐にわたる行政法を本当にマスターするためには，やはり，新聞などによる知識だけでは駄目で，行政法を理論的・体系的に勉強する必要があるといえよう。

　本書は，行政法の全体像を理解することができるように，現在の通説・判例を整理し，立憲君主制の行政法理論と比較し，さらに，できるだけ比較法的視点を含めた現代的論点の提示を行い，日本行政法の現在，過去および将来について説明することを心がけたつもりである。

　恩師柳瀬良幹先生によると「元来行政法というものが抑々そう深遠な理論のあるものではなく，常識に毛が生えた程度のものである」ということである。したがって，行政法の内容は誰にでも理解できる筈

はしがき

であるが，しかし，行政法の法概念や法理論を分り易く，しかも精確に説明することは，実際には，とても難しい。本書が，少しでも多くの読者の勉強の役に立つことができれば，これに過ぎる喜びはない。

　本書の出版にあたっては，信山社の袖山貴氏に大変お世話になった。ここに，深く感謝の意を表したい。

平成 14 年 11 月

宮 田 三 郎

目次

はしがき

第1章 行政および行政法とは何か······3

Ⅰ 行　政······3
(1) 行政の意義 (3) ／(2) 行政の活動 (4) ／(3) 行政の機能 (7)

Ⅱ 行 政 法······7
(1) 行政法の対象 (7) ／(2) 行政に固有な法＝公法 (8) ／
(3) 公法・私法の区別 (9) ／(4) 公法・私法の区別の不要論 (9)

Ⅲ 行政法の法源（存在形式）······10
(1) 法　源 (10) ／(2) 法源の順位 (12) ／
(3) 法源の妥当範囲 (12)

Ⅳ 行政法の解釈······12

第2章 行政法の基礎······15

Ⅰ 法律による行政の原理······15
(1) 法 治 国 家 (15) ／(2) 法律による行政の原理 (法治主義) (16)
(3) 法律の優位の原則 (17) ／(4) 法律の留保の原則 (17)

Ⅱ 行 政 裁 量······20
(1) 行政裁量の意義 (20) ／(2) 行政裁量の現象形態 (21) ／
(3) 要件裁量（判断裁量）(21) ／(4) 効果裁量（行為裁量）(23) ／
(5) 裁 量 基 準 (24) ／(6) 通説の立場＝立憲君主制の理論 (24) ／
(7) 戦後の判例理論 (26)

Ⅲ 公権および行政上の法律関係とは何か······27
(1) 公　権 (27) ／(2) 行政上の法律関係 (30) ／
(3) いわゆる特別権力関係 (30)

第3章 行政は誰が行うか······35

Ⅰ 国および公共団体······35
(1) 行 政 主 体 (35) ／(2) その他の行政主体 (36)

v

目　次

　Ⅱ　行政機関……………………………………………………………37
　　(1)　行政機関の意義 (37) ／ (2)　行政機関の種類 (38) ／
　　(3)　行　政　庁 (38) ／ (4)　国の行政組織の概要 (42) ／
　　(5)　地方公共団体の行政組織の概要 (46)
　Ⅲ　公　務　員…………………………………………………………47
　　(1)　公務員の意義 (47) ／ (2)　公務員関係の成立 (48) ／
　　(3)　公務員関係の内容 (50) ／ (4)　公務員関係の終了 (54) ／
　　(5)　公務員制度の改革 (54)

第4章　行政はどんな形で活動するか(1) ……………57

　Ⅰ　行　為　形　式………………………………………………………57
　　(1)　行政活動の形式 (57) ／ (2)　行為形式の機能 (57)
　Ⅱ　行　政　行　為………………………………………………………58
　　(1)　行政行為の概念 (58) ／ (2)　行政行為の機能 (59) ／
　　(3)　行政行為の分類 (59) ／ (4)　行政行為の効力 (62) ／
　　(5)　行政行為の瑕疵 (64) ／ (6)　行政行為の附款 (72)

第5章　行政はどんな形で活動するか(2) ……………75

　Ⅰ　行　政　立　法 ………………………………………………………75
　　(1)　行政立法の概念 (75) ／ (2)　法　規　命　令 (75) ／
　　(3)　行　政　規　則 (77)
　Ⅱ　行　政　計　画………………………………………………………79
　　(1)　行政計画の概念 (79) ／ (2)　行政計画の種類 (79) ／
　　(3)　法　的　形　式　と　性　質 (80) ／ (4)　法　的　規　制 (80) ／
　　(5)　行政計画の変更・廃止 (81) ／
　　(6)　行政計画に対する権利保護 (81)
　Ⅲ　行　政　契　約………………………………………………………82
　　(1)　行政契約の概念 (82) ／ (2)　行政契約の種類 (82) ／
　　(3)　公法契約と私法契約 (83) ／ (4)　法律の根拠 (84) ／
　　(5)　位　置　づ　け (84) ／ (6)　行政契約の問題点 (84)
　Ⅳ　行　政　指　導………………………………………………………85
　　(1)　行政指導の概念 (85) ／ (2)　行政指導の機能 (85) ／

　　　　　　　　　　　　　　　　　　　　　　　目　次

　　(3)　行政指導の種類 (*86*) ／(4)　法 的 規 制 (*86*)／
　　(5)　違法の効果 (*88*)
　Ⅴ　行 政 調 査 ………………………………………………………*88*
　　(1)　行政調査の概念 (*88*) ／(2)　問 題 点 (*89*)

第6章　行政活動に従わせるために，どんな措置がとられるか ……………*91*

　Ⅰ　行 政 強 制 ………………………………………………………*91*
　　(1)　行政強制の概念 (*91*) ／(2)　法 的 根 拠 (*91*)／
　　(3)　行政強制の種類 (*92*) ／(4)　行政上の強制徴収 (*92*)／
　　(5)　代　執　行 (*93*) ／(6)　執　行　罰 (*95*)／
　　(7)　直 接 強 制 (*95*) ／(8)　即 時 強 制 (*96*)
　Ⅱ　行 政 罰 …………………………………………………………*96*
　　(1)　行政罰の概念 (*96*) ／(2)　行政罰の種類と根拠 (*97*)／
　　(3)　行 政 刑 罰 (*97*) ／(4)　秩序罰たる過料 (*98*)
　Ⅲ　その他の制裁 …………………………………………………*99*
　　(1)　公　　表 (*99*) ／(2)　給 付 拒 否 (*99*)／
　　(3)　経済的負担・制裁処分 (*99*) ／(4)　心理的プレッシャー (*99*)

第7章　行政活動について，どんな手続がとられているか ……………*101*

　Ⅰ　行政手続の観念 ……………………………………………*101*
　　(1)　行政手続の意義 (*101*) ／(2)　行政手続の理念 (*101*)／
　　(3)　行政手続の機能 (*102*) ／(4)　行政手続の種類 (*102*)
　Ⅱ　事前の行政手続 ……………………………………………*103*
　　(1)　行政手続法 (*103*) ／(2)　行手法の原則 (*104*)／
　　(3)　行政処分手続 (*110*) ／(4)　その他の事前手続 (*112*)／
　　(5)　情報公開制度 (*114*)
　Ⅲ　事後の行政手続 ……………………………………………*116*
　　(1)　行政不服審査法による不服申立て (*116*)／
　　(2)　処分に対する不服申立て (*117*)／
　　(3)　不作為に対する不服申立て (*122*) ／(4)　教 示 制 度 (*122*)／

(5) 行 政 審 判 (*123*) ／(6) 苦情処理制度 (*124*)

第 8 章　行政に対する国民の法的対抗手段 …………………*125*

Ⅰ　行政訴訟の観念 ……………………………………………*125*
　(1) 行政訴訟の意義 (*125*) ／(2) 行政訴訟の種類 (*125*) ／
　(3) わが国における行政訴訟 (*126*) ／(4) 概 括 主 義 (*129*) ／
　(5) 法律上の争訟 (*129*)

Ⅱ　取 消 訴 訟 …………………………………………………*130*
　(1) 取消訴訟の許容性 (*130*) ／(2) 取消訴訟の審理 (*140*) ／
　(3) 取消訴訟の終了 (*146*)

Ⅲ　その他の抗告訴訟 …………………………………………*148*
　(1) 無効等確認訴訟 (*148*) ／(2) 不作為の違法確認訴訟 (*150*) ／
　(3) 義務付け訴訟 (*150*) ／(4) 差 止 訴 訟 (*152*)

Ⅳ　仮の権利保護 ………………………………………………*153*
　(1) 執行停止手続 (*154*) ／(2) 仮命令手続 (*155*)

第 9 章　国家はどのような責任を負うか ……………………*157*

Ⅰ　国家責任 ……………………………………………………*157*

Ⅱ　損害賠償 ……………………………………………………*158*
　(1) 損害賠償の概念と種類 (*158*) ／
　(2) 法的根拠と賠償責任の本質 (*159*) ／
　(3) 公権力の行使に基づく賠償責任 (*160*) ／
　(4) 特 殊 問 題 (*163*) ／(5) 公の営造物の賠償責任 (*165*) ／
　(6) 賠償責任者 (*168*) ／(7) 相互保証主義 (*169*)

Ⅲ　損 失 補 償 …………………………………………………*169*
　(1) 損失補償の概念 (*169*) ／(2) 損失補償の要件 (*171*) ／
　(3) 損失補償の内容 (*172*)

Ⅳ　特別法に基づく補償責任 …………………………………*174*
　(1) 問題の所在 (*174*) ／(2) 立 法 例 (*175*)

判例索引 (巻末)
事項索引 (巻末)

現代行政法入門

第1章 行政および行政法とは何か

I 行　　政
(1) 行政の意義

　行政法とは，大まかにいえば，「行政に関する法」のことであるから，行政法とは何かを知るためには，まず行政とは何かを知らなければならない。

　行政という語は，いろいろの意味に使われている。例えば，組織的に，行政組織の全体を指したり，形式的に，行政機関によって行われる全活動を意味したり，実質的に，行政に特有の内容を形成し，行政の本質にとって典型的な行政活動だけを意味したりする。しかし行政法を勉強する場合，その出発点としての「行政」とは，実質的な意味において行政とは何かということである。

　実質的な意味の行政とは，通説的な考え方によれば，国家活動のうちから，立法と司法を除いた残りの活動である，ということになる。立法とは一般的抽象的な法規範を制定する作用である，司法とは具体的な争訟事件について法を適用し，これを解決する作用である。これらは積極的な定義である。それに対して行政の実質的意味については，これを積極的に定義しない，あるいは国家活動のうちから立法と司法を控除したものであると規定する。したがって，このような考え方は消極説または控除説といわれている。

　これから行政法を勉強しようとするに当たって，はじめから勉強の対象である「行政」について積極的な定義ができないというのでは，折角のヤル気に水をさすようなものである。そこで昔から，いろいろな学者が積極的な定義を試みてきた。なかでも「行政は，法の下に，法の規制を受けながら，現実に国家目的の積極的実現をめざして行われる全体として統一性を持った継続的な形成的国家活動である」（田中二郎博士）という定義は，立派なもので，とくに現代行政の特徴をよく示しているから，支持者も多い。しかし例えば，立法も形成的国家活動であるし，司法も法の下に法の規制を受ける活動であり，行

政も政令・省令などの立法活動を行い、行政不服審査のような実質的な裁判さえ行っている。したがって上の定義も、立法・行政・司法を明確に区別できるほど完璧なものというわけにはいかない。

そこで本書では、通説に従って、行政について積極的定義をしない。消極的定義は、定義といえるかどうかも疑問であるが、まあやむを得ないといえよう。消極的定義の一応の論拠として、次のようなことがいわれている。i 行政は、もともと絶対君主に属していた権力の中から、一定の政治的要求に応じて、司法と立法が分化し、その結果君主に残された権力活動であったという歴史的沿革的理由がある、ii 伝統的な三権分立に基づき、行政を全国家活動の中に、簡潔かつ的確に位置づけている、iii 現代国家においては、行政機能が著しく拡大し、そのため、行政の多様な全活動をカバーする積極的な定義を与えることはほとんど不可能である、というのである。

(2) 行政の活動

さて、行政はどんな活動をするか。行政の定義についての消極説は、行政活動の内容について無関心なのではない。消極説は、行政の限界を画しつつ、行政内容の機能的な多様性を示すことによって、現代の行政活動の特徴を明らかにしようとするのである。

(a) **行政の多様性**

行政には多種多様の活動が含まれている。多種多様の行政は、いろいろの視点から、分類することができる。i 誰が行政を行うかという視点に基づいて、国家行政と自治体行政（都道府県行政・市町村行政）を区別することができる。ii 行政の責務または目的は何かという視点から、秩序維持行政、給付行政、租税行政および調達行政を区別することができる。iii 法的効果に基づいて、侵害行政と給付行政を区別することができる。iv 法形式により、私法形式による非権力的行政と公法形式による権力行政を区別することができる。v 法拘束の程度により、羈束行政、裁量行政および行政政策を区別することができる。

以上の分類のうち、ここではさしあたり、行政はその責務から見て、どんな内容の活動をするかということについて考察することにしよう。

I　行　政

(b)　行政の主要な責務とその実現方法

① **秩序維持行政**　秩序維持行政は，国民の利益追求に規律を加えることによって，社会の公共の安全と秩序を維持し，その障害となる行為や状態を阻止し，除去することを目的とする行政である。行政は，秩序維持のために，命令的に国民の権利利益を侵害・制限し，必要な場合にはその命令を実力をもって貫徹し，その責務を実現する。秩序維持行政は侵害行政または権力行政であるが，これが行政の中心であるということができる。

秩序維持行政は，伝統的に警察の責務とされ，これを行政警察と呼んできた。しかし警察は秩序維持行政と同一ではない。警察の観念は，時代の変遷とともに限定された。17・18世紀において警察は全内務行政を示す言葉であったが，19世紀において警察は消極的な秩序維持行政（＝危険防止）に限定され，積極的な公共の利益の増進は警察の責務ではないとされた。このような消極的な警察の概念が現在にいたるまで大きな影響を及ぼしているが，さらに第二次世界大戦後，秩序維持行政と行政警察を同一視する伝統的な警察概念は放棄され，例えば建築警察・衛生警察・産業警察などは個別法の定める行政機関に移され，建築行政・衛生行政・産業行政ないし経済行政となり，いわゆる脱警察化が行われた。

現在，警察の活動は，次の責務領域に限られ，それを保護対象にしている。ⅰ 個人の生命，身体および財産の保護，ⅱ 犯罪の予防，鎮圧および捜査，被疑者の逮捕，ⅲ 交通の取締，ⅳ 公共の安全と秩序の維持，ⅴ 危険防止。そのほか，災害防止，環境保護，危険管理などの秩序維持行政は，警察とともに，一般の行政機関の責務でもある。

② **給付行政**　19世紀の自由主義国家は国家の責務を内外の危険防止に限定し，国民は最大限の自由を享受するという理念に基づいていた。しかし第二次世界大戦後，産業化・技術化の著しい発展，大都市への人口の集中，家族や隣人同士の結束・相互援助体制の崩壊などに伴い，個人では解決できない社会問題が生じ，その解決のために国家は自ら積極的に活動しなければならなくなった。このような社会国家ないし福祉国家を形成するためには，それに対応する行政の活動の拡大と改革が必要になった。いまや給付行政は，秩序維持行政と

ともに，現代行政の本質的特徴であるということができる。

給付行政の本質は，国民の生活条件を整備し改善し，直接に国民を保護し助成し，国民の利益となる行政措置を積極的に行う点にある。給付行政として次のような措置が行われる。

　i 生活配慮　現代生活に不可欠な公の施設を設置・維持・管理すること，例えば道路，河川，公園，水道・エネルギーの供給施設，ゴミ処理場，学校・病院・美術館，図書館，劇場，公民館などの設置・管理などである。

　ii 社会保障　例えば社会保険・社会扶助・社会福祉という形式での社会給付の供与がある。

　iii 助　成　社会的・経済的または文化政策的目標を追求するための助成，例えば産業基盤整備，農業改善のための資金交付，音楽・演劇・スポーツなどに対する財政的援助などである。

給付行政の実現の方法は，通常は非権力的であって，給付および援助の供与は命令強制をもって行われない。しかし給付行政においても，例えば年金交付・生活保護決定の取消しや違法な金銭給付の返還請求などのように，命令強制をもって活動することがある。また，ある人に対する給付が同時に他の人の権利を侵害することもありうる。要するに，給付行政と権力行政との絶対的対立は正しくない。また給付行政と秩序維持行政の対立も問題である。すなわち，一方において秩序維持行政は全体として社会に対する国家の「給付」の総体であると見ることができるし，他方において道路・空港・鉄道などの交通施設やゴミ処理場の設置などは給付行政に属すると見られてきたが，良好な居住環境の侵害ないし自然破壊となりうることに注意しなければならない。

　③　**計 画 行 政**　現代国家において，行政機能の重点は侵害行政から給付行政へ変遷したが，さらに，行政機能の拡大に応じて，計画行政が促進される。計画行政の発展は，科学の進歩およびコンピューターの影響に基づき，国家活動の積極性への変身を示すものであり，現代行政の重点は，すべての行政分野において，計画行政に移行しているいうことができる。

　④　**租 税 行 政**　租税は，国家または地方自治体がその存立を維

持し，公的責務を実現するために徴収する金銭である。租税には税，関税，さらに広い意味で収入の目的を有する使用料・手数料なども含まれる。租税行政は，国および地方公共団体にとって不可欠であって，それは侵害行政でありかつ権力行政である。

⑤ **調達行政** 調達行政は管理行政ともいわれる。それは公的責務の実現に必要な人的・物的手段を調達し管理する行政である。公務員の採用，土地収用，国有財産の管理，事務用品の購入などが調達行政に当たるが，その行為の法的形式は様々である。

(3) 行政の機能

現代行政は，次のような機能を果たすべきものとして期待されている。

① **憲法具体化機能** 行政は法律を現実に適用しなければならない。この法律を適用する局面では，国民に対し，とくに憲法の価値を個別的・具体的な決定に変換することが期待される。憲法の理念の実現は立法および行政の積極的な姿勢に負うところが大きい。行政は活動する憲法でなければならない。

② **公益実現機能** すべての行政活動は公益の実現を目標とする。この点で私益を追求する私企業との決定的な違いがある。現代国家では，利益衝突の場合に，常に公益と私益の調整が問題となる。民主制国家では，立憲君主制国家と違って，公益の実現は行政が独占する問題ではない。公益の発見は，例えば環境保護のように，市民の公的な責務でもあり，市民の行政参加が要請されることに注意しなくてはならない。

II 行 政 法

(1) 行政法の対象

行政法はどのような法律をその対象としているか。普通，行政法は，行政法総論と行政法各論とに分けられる。行政法各論では，例えば警察法，風俗営業等の規制及び業務の適性化等に関する法律，道路法，河川法，電気事業法，ガス事業法，都市計画法，土地収用法，学校教育法，大気汚染防止法，所得税法など，いわばタテ割的に各行政分野を規制する法律を研究対象としている。これに対して，行政法総論で

は、例えば国家行政組織法や地方自治法などのように、行政の組織や個々の行政機関の組織、および例えば行政手続法や行政代執行法などのように、行政機関がどのような手続とどのような形式によって行動することができるかについての法的規制、さらに行政活動の行為形式および行政手続の原則など、各行政分野に共通する法律関係を横断的に問題にし、したがって行政の権限および行政に対する個人の権利・義務関係を一般的に研究対象としている。また、行政不服審査法や行政事件訴訟法、国家賠償法や国家補償法のように、行政の活動に対する国民の権利保護および国家が国民に対して負うべき国家責任を規定する法領域もその対象としている。

　要するに、行政法とは、ⅰ 行政および個々の行政機関の組織、ⅱ 行政の権限および行政に対する国民の権利義務およびⅲ 行政手続および行政コントロールに関する規律の総体である、ということができよう。

(2) 行政に固有な法＝公法

　行政法はどのような法であるか。行政法は行政に関する法ではあるが、行政法学は、行政に関するすべての法を取り上げるわけではない。民法や商法など私法が行政に適用される場合は、これらも行政に関する法であることになるが、行政法学はそのような私法の研究はしない。行政法学は、私法とは異なる特別の法、つまり、行政に固有の(特有の)法を問題にしており、これを(国内)公法という。したがって、行政法とは行政に関する公法である、と定義づけることができる。

　しかし行政法が公法に属するということは、行政が必ず公法に基づいて活動しなければならないことを意味しない。例えば、道路建設のための公共用地を取得したい場合、民法の売買契約によることもできるし、土地収用法を発動して強制的に調達することもできる。行政には公法的に活動するか私法的に活動するかを選択できる場合があり、この場合、両者の活動手続、活動形式、活動の法原則および活動に対する対抗手段などが基本的に異なっている。そこで、公法とは何か、私法とはどのような法であるか、要するに公法・私法はどのような基準で区別されるのかということが問題とされてきたのである。

(3) 公法・私法の区別

公法・私法の区別の問題は，ローマ法以来の問題で，この問題に関する学説の数は 20 にも及ぶといわれている。しかし行政法は何かを考える場合に重要な学説は，新主体説，利益説および権力説の3つである。新主体説は，すべての者に適用される一般法が私法で，もっぱら行政主体の権限および義務に関する特別法が公法であるとする。利益説は，公益の達成を目的とする法を公法，私益の規律を目的とするものを私法とする。権力説は，当事者間に権力服従の関係があり公権力を有する行政主体が一方の当事者である場合が公法，それに対し当事者が法的に対等関係にあるときは私法であるとする。ドイツでは権力説・第二次世界大戦戦後は新主体説を，フランスでは利益説を，それぞれ基準とし，わが国では従来から，権力説プラス利益説に立って「公法」を考えてきたということができる。

(4) 公法・私法の区別の不要論

第二次世界大戦後の行政の多様な活動の結果，公法・私法の区別は相対的なものとなり，いまや公法・私法の区別は不要になったという見解が多数説として定着している。しかし判例では，なお公法・私法の区別を前提としているものも多く，不要論が完全に浸透したというわけではない。むしろ解決の困難な争訟事件の場合には，法律の枠組みは一応公法・私法の区別を前提にしていると見ることによって，妥当な結論を導き易くすることができるといえよう。

不要論の論拠の1つは，行政裁判所制度が廃止されたことである。明治憲法のもとでは，フランスやドイツに倣って司法裁判所とは別の行政裁判所が設置され，これに対応して行政実体法も法原理を異にする公法と私法の2つの法体系に区別されるという考え方が通説であった。しかし現行憲法では，アメリカに倣って裁判制度は一元化された。したがって公法・私法の区別の制度的基礎がなくなったというのである。

もともとイギリスやアメリカなどでは，私法のほかに，それとは原理の異なる行政法というものが存在することを認めず，有名なイギリスの憲法学者であったダイシー（1835〜1922）などは，イギリスにはフランスのような執行部に特権を与える特別法としての行政法体系

や特別の行政裁判所が存在しないことをもって、イギリス法がフランス法に優越しているとことを示すものであるといい、このような考え方が20世紀に至るまで大きな影響力をもっていた。アメリカ法でも、公法と私法との理論的区別はなく、コモン・ローで成長した裁判官や弁護士などは独自の法領域としての行政法には敵対的であるといわれる。しかし、とくに第二次世界大戦後、行政権限を規制する数多くの重要な制定法が次々と制定されるにしたがって、行政法に関する研究は著しく進歩し、イギリスでもアメリカでも「行政法」は独自の法領域として確立されるにいたった。とくにイギリス行政法は明確に大陸ヨーロッパ法に接近し、特別の行政審判所が数多く設立され、実体法的にも、基本的な転換を遂げているといえる。公法・私法の区別の不要論には、これ以上立ち入らないが、これは簡単には決着の付けられない問題であるといえよう。

Ⅲ　行政法の法源（存在形式）

(1)　法　　源

法源とは、法規範を成立させ、それを現象させる形式である。行政法の法源は、行政の組織、活動および手続に関する法の存在形式をいう。行政法に関する法源は成文の法源と不文の法源に分けられる。

(a)　成文の法源

① 日本国憲法の行政に関する部分　憲法は行政および行政法の基礎をなすものであるが、憲法そのものは行政法規範ではなく、したがって行政法固有の法源ではない。通常、憲法の基本原則は、立法者によって具体化され、適用できる法律の形式に変換される。

しかし憲法は、行政にとって直接間接に重要な規範を含んでいる場合があり、例えば、比例原則、平等原則、適正手続原則、正当補償条項などは、行政法の法源として機能している。

② 法　　律　法律とは、憲法に定められた正式の立法手続により国会が制定した形式的意味の法的規律であり、規律の内容を問わない。形式的意味の法律は行政にとって最も重要な法源である。ちなみに、明治19年から昭和63年までの約100年間で3,849の法律が制定され、2,326の政令・府省令などの命令が定められた。

III 行政法の法源（存在形式）

③ **命　令**　命令は，行政機関により，法律の授権に基づき，実質的法律の性質をもって制定される一般的・抽象的規律である。命令と法律の区別は，その内容または拘束力の違いではなく，その制定者の違いにある。命令は法律と同様に国民を拘束する。命令には，その形式として，政令・内閣府令・省令・規則などがある。1つの法律について政令たる施行令と省令たる施行規則が定められることが多い。

④ **条　約**　条約は国際法の法源であるが，国家行政に関するもの（例えば，交通・通信・労働・知的所有権などに関する条約）は，公布・施行されると国内法としての効力をもつ。

⑤ **地方公共団体の自主法（条例・規則）**　地方公共団体の自主法は，地方公共団体がその自治事務について制定する一般的・抽象的規律である。条例制定権は直接憲法によって保障されている。条例は地方議会によって制定され，法律に準じるものと解されている。しかし形式的効力は法律・命令よりも下位にある。地方公共団体の長は規則を制定することができる。長の規則は条例のような準法律の性格をもたない。

(b) **不文の法源**

① **慣　習**　一般的に慣習法が認められるためには，事実としての慣行が長期的に継続し，それについて国民の法的確信が生じることが必要である。行政法は複雑であるから国民に法的確信が生じることは期待し難いし，行政慣行から慣習法を読み取ることも問題である。とくに法律による行政の原理との関係では慣習法の成立する余地はない。ただ法令の公布については，官報によるべきことが慣習法として成立している。

② **判　例**　判例は，1事件についての法律の解釈適用であるから，法源ではない。しかし同種の判決が積み重なると，行政はこれに反する行政解釈を事実上とることができなくなり，判例法が形成される。

③ **条理（行政法の一般原則）**　行政法の一般原則とは，法律の規律が欠けているために，学説および判例によって具体化され完成された規律ないし一般原則をいう。例えば，行政行為の取消し・撤回に関する原則，行政行為の無効に関する原則，行政の自己拘束の原則など

がある。

(2) 法源の順位

法源は、いろいろの形式で存在するから、矛盾する法規範が成立する可能性がある。法秩序は矛盾があってはならない。法規範の間の矛盾は、1つには、上位の法規範が下位の法規範に優位することを認めることによって解決される。また、同位の法規範の間の衝突は、後法は前法を廃す、特別法は一般法に優先するという原則によって解決される。

教育基本法や土地基本法などの、いわゆる基本法は、通常の法律と同様の立法手続によって成立し、その効力は通常の法律と同じである。ただ基本法は、法理念的に、他の法源に対する指導的機能を発揮するという点で「優位」にあるといえる。

(3) 法源の妥当範囲

行政法の妥当範囲については、時間的・地域的・人的な妥当範囲を区別することができる。

① 時間的妥当範囲 法律が何時その効力を生じるかは、通常、その法律の附則として定められる。しかし実際上は公布即日施行の例が多い。法律が有効期間を限定している場合、法律は期間経過により、当然失効する。通常の場合は、法律は、法律による改正または廃止によってのみ失効する。

② 地域的妥当範囲 法律または条例が効力を有する地域的範囲は、一般に制定権者（国または地方公共団体）の権限の範囲と一致する。地域的妥当範囲は、国の場合には日本国の領土・領海・領空であり、地方公共団体の場合にはその区域である。例外として、条例の効力が区域外に及ぶ場合がある。

③ 人的妥当範囲 人的妥当範囲は一般に地域的妥当範囲と関連する。法規範は、原則として、住所、国籍、自然人・法人にかかわりなく、地域的妥当範囲における、すべての人に適用される。

Ⅳ 行政法の解釈

法解釈の目標は実定法の意義と内容を明確にすることである。法の解釈においては、類推解釈、反対解釈、もちろん解釈、縮小解釈、拡

大解釈などが行われる。

法解釈については，次のような解釈方法論を挙げることができる。

① **文理的解釈**　法律の意義をその語義と文法的関係から解明する方法である。文理的解釈は法解釈の出発点である。

② **論理的・体系的解釈**　文理的解釈が一義的に明白な解決に至らないときは，法概念の意義は全法律および全法秩序との関連において解釈される。この方法論によれば，法秩序は論理的に矛盾のない統一体であり，したがって個々の法規定および法概念は矛盾なく全法秩序に適応するように解釈されなければならない。

③ **歴史的・発生史的解釈**　歴史的解釈は法素材の歴史的展開を明らかにし，とくに発生史的解釈は法規範の成立史を究明する。発生史的解釈の場合，例えば議会や委員会の議事録，政府案の理由書，その他の公式資料および法律制定の背景にある経済的・社会的諸関係が重要であり，立法者の客観化された意思が探究される。

④ **比較法的解釈**　法秩序における法概念および一般法原則の意義を他の法領域および外国の法領域における同様の法概念および一般法原則の意義から推論する方法である。法ないし法制度を外国から継受した場合に重要な役割を果たす。

⑤ **目的論的解釈**　目的論的解釈は法律の目的による解釈をいう。現在，最も重要な解釈方法論である。法の規定または法概念について複数の可能な解釈が考えられる場合に，法律目的を最も善く実現する解釈を優先させるのが目的論的解釈である。目的論的解釈は法規範に凝縮されている利益衝突の一般的・抽象的な解決と評価を明らかにしようとする。したがって利益法学的方法論である。目的論的解釈では，解釈すべき法律の規定は，ⅰ いかなる射程距離を有するか，ⅱ いかなる利益に奉仕するか，ⅲ 結論はいかなる結果をもたらすか，という視点が重要である。

第2章　行政法の基礎

I　法律による行政の原理
(1)　法 治 国 家
(a)　**法治国家の意義**

　法治国家とは，一般的には，政府権力が「人の支配」によるのではなく「法の支配」に服する国家をいう。すなわち法治国家とは，国家権力が法に拘束される国家であって，国民が法に従う国家をいうのではない。国民が法を遵守しなければならない国家を法治国家というなら，奴隷国家，専制国家さえも法治国家ということになろう。法治国家という表現はドイツに特有のものであるが，それはヨーロッパ諸国に共通なものとして発展し，わが国には明治憲法成立期にドイツを通して導入された。

　ドイツにおける法治国家は，19世紀の転換期において，絶対君主制および警察国家の恣意的な支配に対する政治的闘争概念として登場した。それは，自由主義を国家目的とし，国家権力の法的拘束と個人の自由を制度的に保障することを法治国家理念の核心とするものであった。その後，法治国家理念の政治的——憲法的側面は次第に後退し，法治国家概念は形式化され，20世紀前半期には，形式的に，行政の法律適合性の意味に理解されるようになった。これが形式的法治国家である。形式的法治国家は，法律の内容について無関心で法律形式による不法に対して無力になったとき，法律による不法国家となる。形式的法治国家はナチス体制にいたって崩壊した。

　第二次世界大戦後，ドイツは，実質的法治国家を目指した。実質的法治国家では，個人の自由と平等，人間の尊重，正義およびフェアで透明な行政手続が実現され，とくに立法権が憲法に拘束され，基本的人権が確保されていなければならない。実質的法治国性を維持するための決定的保障は，法制度的に，行政裁判所を含む強力な憲法裁判所を設置することに求められ，それによって憲法価値の実現を保障すべきものとされた。

第2章　行政法の基礎

(b) 明治憲法のもとでの法治国家

明治憲法のもとでは，法律による行政の原理を法治主義といい，法治主義を採用する国家を法治国家と称した。ここでは，法治主義の原理は個人の権利，自由の保護を目的とし，それを侵害する場合には必ず法律の根拠が必要であるという法律の留保の原則を中核とする原理として理解された。とくに，行政法学の父といわれるドイツのオットー・マイヤー (1846～1924) は，法律による行政の原理を「法律の支配」といい，それには，ⅰ 法律の法規創造力の原則，ⅱ 法律の優位の原則および ⅲ 法律の留保の原則の3つの内容が含まれているとして，これを理論化した。これがわが国の学説に極めて大きな影響を与えた。かくして法律による行政の原理は，伝統的に最も重要な行政法の基本原則であるとされてきたのである。

(2) 法律による行政の原理 (法治主義)

法律による行政の原理とは，行政活動が法律により法律に基づいて行わなければならない，という原理である。それは，今日では，必ずしも自明の原理として存在しているわけではない。次のような変化に注意しなければならない。

① 法律による行政の原理の成立基盤が脱落した。法律による行政の原理は，立憲君主的な政府（行政）と国民を代表する議会（法律）との緊張関係において機能すべきものであった。しかし民主主義の確立とともに，政府と議会との緊張関係は消滅し，基本的には，議会の多数党と少数党との対抗関係があるだけとなった。

② 議会の機能が変化した。議会は行政の作成した法律案を単に承認するか多少の修正をするにすぎず，議会と政府は全体として協働・連携し，また個別的には多数党の族議員が行政に介入し癒着する傾向にある。したがって，法律による行政の原理は，従来のように，行政の恣意ないし権力濫用を阻止するという視点から理解すべきではなく，行政活動の民主的正当性および決定手続の透明性の保障という視点に基づいて理解すべきであるといえよう。

法律による行政の原理は法律の優位の原則と法律の留保の原則によって具体化される。

(3) 法律の優位の原則
(a) 法律の優位の原則の意義

　法律の優位の原則とは，法律が他のすべての規律に優先し，行政が法律に違反してはならないことを意味する。この原則は，公法的であれ私法的であれ，侵害的であれ授益的であれ，すべての種類の行政活動について適用される。現行憲法のもとでは，法律より憲法が優位しているが，法律の優位の原則が行政にとって重要であることに変わりはない。

(b) 法律の優位の原則の内容

　法律の優位の原則は，行政に対し，法律の適用を強要し，法律から逸脱することを禁止する。これを行政法の強行性という。

　① 法律の執行義務　行政は法律を執行すべき義務を負う。行政には，法律を執行したり，しなかったりする自由はない。法律を執行するためには，個別的・具体的な法決定や事実上の措置を行うのみならず，法規命令や執行命令を発することもある。行政は，法律が憲法に違反し無効であると考える場合でも，憲法違反の判決が確定するまでは，法律に従わなければならない。

　② 法律からの逸脱禁止　行政は法律に違反してはならない。行政にとって，法律は公的責務の委託であり権限授与の根拠であるだけでなく，行政権限の制約でもある。行政が行政政策に基づいて活動する場合，行政は法律を執行するのではないが，既に存在している法律の制約は遵守しなければならない。法律からの逸脱禁止には，積極的な法律違反のみならず，解釈の方法による逸脱も含まれる。誤った法律解釈は，法律の最終的解釈権を有する裁判所の判断によって，是正されなければならない。

(4) 法律の留保の原則
(a) 法律の留保の原則の意義

　法律の留保の原則とは，特定の行政活動は明示の法律の根拠（法律の授権）がある場合およびその範囲でのみ許される，ことを意味する。法律の留保の原則は，具体的には，行政の活動の根拠となる法律が存在していない場合に，その行政活動を行うためには，新たな法律の制定を必要とするか，あるいは行政規則（通達，要綱など）などに基づい

て活動をすることが許されるかという問題である。

20世紀初のドイツにおいて，国民の「自由と財産」の侵害は法律の授権に基づいてのみ許容される，換言すれば，それは法律に留保されているという一般原則が確立した。わが国においても，国民の権利・自由を制限し侵害する行政を「法律の留保」のもとにおき，したがって，このような行政には必ず法律の根拠が必要であるという，いわゆる「侵害留保説」が明治憲法後半期に通説的な考え方となった。侵害留保説によれば，法律の留保の原則は全行政活動に妥当するものではない。臣民の権利や自由に直接関係のない行政活動は，法律に違反しない限り，自由に行うことができなければならない。天皇の官僚は，臣民の権利や自由を侵害する場合のほかは，衆議院ごときの制約を受けるものではない。このような考え方が明治憲法に適合的であったということができる。しかし現行憲法のもとでは，侵害留保説はもう時代遅れである。国民主権の確立，議会民主制の発展さらに給付行政の意義の増大は，法律の留保の原則の拡大を要求していることが明らかであるといえよう。

(b) 適用範囲

行政の活動は法律の根拠に基づかなければならないという場合でも，いかなる領域およびいかなる事項が法律の根拠を必要とするかについては，侵害留保説のほか，次の5つの考え方が主張されている。ⅰ 社会留保説＝法律の留保に属する行政は，自由・財産に対する干渉行政のみならず社会保障行政をも含む。ⅱ 法規留保説＝国民の権利義務に関係のある行政は，必ず法律の根拠を必要とし，その範囲は国民の権利自由を制限・侵害する行政だけでなく，権利を与え義務を免ずる行政にも及ぶ。ⅲ 権力留保説＝行政活動のうち，一方的に国民の権利義務を変動させるような，いわゆる権力的な行為形式をとる場合には，法律の根拠が必要である。ⅳ 全部留保説＝国民の権利義務の変動を効果として生じさせる一切の公行政はもちろん，非権力的公行政についても法律の根拠を必要とする。ⅴ 本質性理論（重要事項留保説）＝本質的（重要）事項は，議会が自ら決定すべきであって，これを行政に委ねてはならない。この理論は，本質的事項について議会の留保をいうもので，したがって法規命令への委任を排除するものである。

Ⅰ　法律による行政の原理

(c) **適用範囲の拡張**

　法律の留保の原則の適用範囲については，今日でも侵害留保説が通説的な地位を与えられているが，決定的な見解として確立されているわけではない。次の点を注意すべきである。

　①　法律の留保の原則が，侵害行政について適用されるという点では，異論がない。「法律の根拠（法律の授権）」が必要であるという場合，組織規範（行政組織および行政内部の権限配分などに関する法の規定），責務規範（一定の職務活動の委託を定めた法の規定），規制規範（行政に権限があることを前提にして権限行使の方法について規制する法の規定）および作用規範ないし権限規範（いかなる場合にいかなる権限を行使することができるかについて規律する法の規定）の4種のうち，組織規範や責務規範は「法律の根拠」としては十分でない。必要とされる法律は具体的な権限規範でなければならない。問題はむしろ規制密度の点にある。行政を拘束する法律は，行政の権限を前もって予測することができるように，その内容，対象，目的および程度という点で十分限定的に規定されていることが必要である。

　②　給付行政について法律の留保の原則が及ぶかどうかについては，見解が岐れている。給付行政の多くの分野は，現行法上，例えば生活保護法などのように法律の規律を受けているから，法律の留保の問題は大部分解消されているともいえる。

　③　適用範囲を拡張しようとする考え方に対する批判として，法律の規定がなければ何も活動することができないとすれば，行政は緊急事態に対応できない，という指摘がなされている。しかし給付行政というのは，もともと通常の場合，すなわち社会的，経済的または文化的に必要な場合で，多数の人について長期的に行われる行政サービスを問題にしている。自然災害や経済危機のような緊急事態が生じた場合は，法律が制定されるまでの適当な過渡的期間は，法律に基づかない行政活動も許されるといえよう。しかし，行政の全くの恣意的な活動が許されるわけではないから，いかなる目的，要件および程度のもとに，例えば資金交付を行うべきかについて，行政規則の方法などによる客観的基準の設定が必要であり，それは現実的にも可能である。このような行政内部的基準が設定できるということは，法律による規

律も可能であることを示すものといえよう。
　(d)　**新たな方向**
　従来の法律の留保の原則をめぐる議論は，行政が自己固有の権力によって何を行うことができるか，何を行う場合に法律の根拠を必要とするかという法治国的視点からなされた。これに対して現代民主制国家においては，議会がいかなる規律を自ら定めなければならないか，したがって，それを行政に委ねてはならないかという民主制的視点が重要になった。ここでは，規律の対象，すなわち侵害行政か給付行政かではなく，規律の形式，すなわち行政の手続，権限および責任の所在の明確化が重要であり，いかなる事項が議会に留保され，いかなる事項なら官僚による規律を許容してよいかという視点，すなわち行政活動の民主的正当性ないし透明性が重要なのである。ただ，法律の留保の原則の問題は，裁判の結果に直接反映せず，建前の問題ないし考え方の問題になっていること注意しなければならない。これがわが国の行政裁判の大きな欠陥の１つであるといえよう。

Ⅱ　行政裁量
(1)　**行政裁量の意義**
　法律による行政の原理のねらいは，法律によって行政活動を拘束することであるが，立法者は，考えられるあらゆるケースについて，行政機関がどのような場合にどのような行動をすべきかを，詳細にかつ一義的に規律をすることはできない。したがって，法律の目的を実現するために，具体的事情に応じて行政機関が適切な行動をすることができるように，法律の適用に際し，一定の行為および判断の余地を行政機関に認めざるをえない。このように法律の枠の中で行政機関に認められる一定の行為および判断の自由を行政裁量という。行政裁量は，立憲君主制の官僚にとって，司法のコントロールを受けない行政のいわば「聖域」であると見られてきた。
　行政裁量は，行政立法，行政行為，行政計画，行政強制などについて考えることができるが，従来から，行政行為についての裁量が行政裁量の中心であり，裁判所の法的コントロールとの関係からいっても行政行為についての裁量が重要な課題であった。したがって以下の説

明も行政行為についての裁量を対象とする。
(2) 行政裁量の現象形態
　行政活動を拘束する法律の規定は，通常，法律要件（＝いかなる場合に）と法律効果（＝いかなる行為を行うか）からできており，法律要件に該当する具体的事実が認定されたときに，法律効果が生じるという構造になっている。例えば，国家公務員法82条は，職員が「国民全体の奉仕者にふさわしくない非行のあった場合」（＝法律要件）に該当するときは，「懲戒処分として，免職，停職，減給又は戒告の処分をすることができる。」（＝法律効果）と規定している。法律の規定が，法律要件と法律効果の両面において，厳格で一義的に明確に定められている場合には行政機関に裁量の余地がない。例えば，「この法律に違反した場合」，「免職処分」，「……をしなければならない。」といった規定がそうである。しかし法律が，あいまいで多義的な不確定法概念を用いて法律要件を定めている場合や法律効果の面が「……することができる。」という規定になっている場合には，行政機関にその判断について裁量の余地を認める趣旨であるのかどうかが問題となる。多義的な不確定法概念とは，例えば，「非行」，「公益を害する虞れがあると認めるとき」，「著しく善良の風俗若しくは清浄な風俗環境を害し，又は少年の健全な育成に障害を及ぼすおそれがあると認められるとき」，「災害の防止上支障がないもの」，「必要な処分」などである。
　したがって行政裁量は，通常，ⅰ　法律要件を認定（＝解釈または適用）する場合および，ⅱ　法律効果において行政措置の選択が許容されている場合に現われる。ⅰの場合に現われる裁量を要件裁量（判断裁量）といい，ⅱの場合に現われる裁量を効果裁量（行為裁量）という。
(3) **要件裁量**（判断裁量）
　要件裁量の問題は，不確定法概念の解釈・適用の問題である。一般に不確定法概念は，具体的場合には合理的解釈によって，その内容が客観的・一義的に決まる筈であるというように考えられている。しかし実際上，予測決定，リスク評価，価値判断などを必要とする不確定法概念を解釈し適用する場合には，その解釈や価値判断などに客観的基準が存在せず，複数の解釈・適用がともに成り立ち得るように見える。このような場合には，行政庁の疑わしい判断を裁判所の同様に疑

第2章　行政法の基礎

わしい判断によって置き換えることは許されない，もしくは適当でない，ということができよう。判例は，政治政策的または専門技術的な知識と経験を必要とする不確定法概念の解釈・適用の場合には，政治政策的裁量または専門技術的裁量を認め，行政の判断を尊重しなければならないとしている（最判昭53・10・4民集32巻7号1223頁＝マクリーン事件）。

専門技術的裁量についての判例

① 通常の専門技術的裁量）　温泉の掘削の許可・不許可について，温泉法4条にいう「その他公益を害する虞があると認めるとき」の認定は，主として，専門技術的な判断を基礎とする行政庁の裁量により決定されるべき事柄である（最判昭33・7・1民集12巻11号1612頁），高等学校用の教科書図書の検定における判定等の判断は，学術的，教育的な専門技術的判断であるから，事柄の性質上，文部大臣の合理的な裁量にゆだねられる（最判平5・3・16民集47巻5号3483頁＝家永教科書訴法），宅地建物取引業法に基づく宅建業者に対する不利益処分の選択，その権限行使の時期等は，知事等の専門技術的判断に基づく合理的裁量に委ねられている（最判平成元・11・24民集43巻10号1169頁），道路運送法9条2項（平12による改正前）にいう「能率的な経営の下における適正な原価を償い，かつ，適正な利潤を含むものであること」という基準に合致するか否かは，行政庁の専門技術的な知識経験と公益上の判断を必要とし，ある程度の裁量的要素がある（最判平11・7・19判時1688号123頁）。

② 高度の専門技術的裁量）　都市計画の決定には高度の技術性，専門性が伴うのは当然であり，決定は高度の技術的，専門的，行政的見地から行うべきもので，その決定に当たっては決定権者に極めて幅広い裁量が認められている（松山地判昭59・2・29行集35巻4号461頁）。都市計画決定についての判断は，技術的検討を踏まえた1つの政策として行政庁の広範な裁量に委ねられている（東京高判平15・9・11判時1845号5頁）。

③ 極めて高度の専門技術的裁量）　原子炉施設の安全性に関する審査は，多方面にわたる極めて高度な最新の科学的，専門技術的知見に基づく総合的判断が必要とされるものであり，内閣総理大臣の合理

的な判断にゆだねられる（最判平 4・10・29 民集 46 巻 8 号 1174 頁＝伊方原発訴訟）。

(4) 効果裁量（行為裁量）

「……することができる。」という規定は，通常，効果裁量＝処分の選択の自由を認める趣旨を示す規定である。例えば，国家公務員に「非行」に該当する事実があったことを認定したうえで，懲戒処分として，免職や減給の処分をすることができるし，あるいは懲戒処分をしないこともできる（最判昭 52・12・20 民集 31 巻 7 号 1101 頁＝神戸税関事件など）。効果裁量は，違法行為などに目をつぶることを容認するものであるから，国民にとって有利であるとされている。しかし法律要件に該当する事実を認定しておきながら，処分や権限行使をしたり，しなかったりする自由を無制限に行政機関に認めることは問題であろう。したがって，効果裁量には次のような制約を認めなければならない。

① 「することができる」規定の変換　「することができる」規定には，裁量の授権ではなく，権限を行使すべきことの指示を意味する場合がある。このような場合，「……することができる。」規定は「……しなければならない。」というように解釈しなければならず，権限不行使は行為義務違反として違法となる。法律要件に多義的な不確定法概念が使用されていて，法律要件を認定する際に，処分をするか否かについての考慮事項がすべて考慮されてしまうときは，「……することができる。」規定のもつ裁量性は失われる。例えば，銃砲刀剣類所持等取締法 24 条の 2 第 2 項は，「警察官は，銃砲刀剣類等を携帯し，又は運搬している者が，異常な挙動その他周囲の事情から合理的に判断して他人の生命又は身体に危害を及ぼすおそれがあると認められる場合において，その危害を防止するため必要があるときは，これを提出させ一時保管することができる。」と規定しているが，この規定は行政措置（＝一時保管）をしない裁量を認めるものではなく，「……保管しなければならない。」というように解釈しなければならないのである（最判昭 57・1・19 民集 36 巻 1 号 19 頁＝ナイフ一時保管懈怠事件，最判昭 59・3・23 民集 38 巻 5 号 475 頁＝新島漂着砲弾爆破事件）。

② 裁量収縮　法律上，行政裁量が認められる場合に（例えば，薬事法の解釈上，医薬品の製造承認を撤回するかどうかの裁量権が厚生労働大臣

に認められている場合），特別の具体的事情により，唯一の決定のみが瑕
疵なきものとなり，他の決定がすべて瑕疵あるものとなるというよう
に，裁量がゼロ（正確には1）に収縮してしまう場合がある。これを裁
量収縮という。裁量収縮の結果，行政機関は，権限行使・行政介入の
義務を負う。裁量を収縮させる「特別の具体的事情」というのは，通
説および下級審の判例によれば，ⅰ 生命，身体，財産に重大な損害
をもたらす危険があり，ⅱ こうした危険が行政側の権力行使によっ
て容易に阻止することができ，かつ，ⅲ 民事裁判その他，被害者側
に危険回避の手段や可能性がない場合である（東京地判昭52・11・17判時
857号17頁＝千葉県野犬咬死事件，東京地判昭53・8・3判時899号48頁＝東京ス
モン訴訟など）。最高裁は，裁量収縮という考え方を認めていない。

(5) **裁 量 基 準**

行政庁がその裁量に任された事項について裁量権行使の基準を定め
ることがある。これを裁量基準という。例えば，食品衛生法に違反し，
食中毒が発生した場合の処分基準がある。裁量基準は，行政に委ねら
れた裁量を類型的に具体化し，標準的ケースについての個別的な行政
処分を行政内部的に準備し，行政処分を明確化し標準規格化する。か
くして裁量基準に従った行政実務が形成され，行政は自己の実務に
よって自ら拘束される。したがって適法な裁量基準からの逸脱は，そ
のための客観的理由がなければ，平等原則違反として違法となる。裁
量基準は平等原則を媒介として間接的に外部法化する。さらに進んで，
一定の裁量基準については，直接的な外部効果を承認することもでき
よう（最判平4・10・29民集46巻6号571頁＝伊方原発訴訟を見よ）。

なお，行政裁量の本質は具体的場合における個別の評価的判断を行
政に委ねる点にあるから，裁量基準の設定・具体化によって生じる行
政決定の画一化は，裁量授権の目的に反する場合もあることに留意し
なければならない。

(6) **通説の立場＝立憲君主制の理論**

本書の行政裁量論は，通説の説明の仕方とは，かなり違う。通説は，
戦前に確立された立憲君主制的な裁量論を受け継いでいる。戦前の伝
統的な行政裁量論は，その自由主義的側面において，部分的には重要
な解釈基準を示しているが，全体としての理論構成は今日の法状態に

Ⅱ　行政裁量

は適合しないように思われる。囲碁でいえば，21世本因坊秀哉名人や呉清源の布石や定石には，今なお光るものがあるが，もう時代遅れとなったのである。

通説は次のような理論構成をとっている。
(a)　**法規裁量（羈束(きそく)裁量）と自由裁量（便宜裁量）**

行政裁量は行政行為についての裁量であり，行政行為は羈束行為と裁量行為に分けられ，裁量行為はさらに法規裁量行為（羈束裁量行為）と自由裁量行為（便宜裁量行為）とに区別される。法規裁量は，何が法であるかの裁量であり，すなわち法令の明文のほかに法の一般原則などの拘束を受け，したがって法の予定する客観的基準が存在し，それを誤れば違法の問題が生じ，裁判所のコントロールを受ける場合である。これに対して自由裁量とは，何が行政目的または公益に適合するかの裁量であり，すなわち行政がその判断を誤っても当・不当の問題が生じるにとどまり，違法の問題が生じない，したがって裁判所のコントロールを受けない場合である。しかし自由裁量といっても常に一定の限界があり，裁量権が法の許容した範囲を越えまたは裁量権の濫用があった場合には，自由裁量行為は違法となり，裁判所のコントロールを受ける。かくして自由裁量論の中心課題は，裁判所のコントロールをうける法規裁量と裁判所のコントロールをうけない自由裁量との区別の基準を何に求めるかという点におかれる。

(b)　**法規裁量と自由裁量の区別の基準**

「区別の基準」の問題については，法の規定の仕方を標準する説，行為の性質を標準とする説，法の趣旨・目的の合理的解釈による説および裁判所の判断能力による説などが代表的学説であるが，行為の性質を標準とする説および法の趣旨・目的の合理的解釈による説が支配的学説であった。性質説としては，美濃部達吉博士の主張した学説が有名で，これを自由裁量に関する美濃部3原則という。それは，ⅰ　人民の権利を侵し，これに負担を命じ，またはその自由を制限する処分は，いかなる場合でも自由裁量の行為ではない，ⅱ　人民のために新たな権利を設定し，その他人民に利益を与える処分は，法律がとくに人民にその利益を要求する権利を与えている場合を除き，原則として自由裁量行為である，ⅲ　直接に人民の権利義務を左右する効果を

25

生じない行為は，法律がとくに制限を加えている場合を除いて，原則として自由裁量の行為である，というものである。3原則のうち，第1原則だけは，基本的人権に対立する行政決定については裁判所の全面的なコントロールを及ぼすべきである，というように形を変えて，今日なお，法の解釈基準として生きているということができる。普通，法律学の学説は短命であるが，美濃部3原則は別格で，いまなお受け継がれている。

(7) 戦後の判例理論

戦後の判例理論は，一方において，裁量権の踰越・濫用の法理および手続法的なコントロール方式を展開し，他方において，従来の裁量論では見られなかった専門技術的裁量という類型や裁量収縮論を導入した。

裁量権の踰越・濫用の法理に拠るコントロール方式は，それが裁量判断の余地があるすべての考慮事項を審査対象としなければならないため，法規裁量と自由裁量との区別を相対化し，したがって司法から完全な独立という意味の自由裁量という観念を消滅させ，裁量の範囲が広ければ広いほど司法審査もそれに応じて広範に及ぶという観念を生じさせた。手続法的視点に基づくコントロール方式は，従来，裁量領域とされていた領域に司法審査を及ぼし，当・不当の問題にすぎなかった問題を適法・違法の問題とする可能性を示した。

また判例理論は，現代の行政機能における専門技術性の増大を背景として，専門技術的裁量という類型を登場させ，行政裁量が拡大して行く傾向を追認した。これは，裁判官の判断能力の事実上の限界をもって行政裁量を根拠づけるものである。しかし行政庁は，専門知識を独占しているわけではなく，それを業界や学識者から取り込んでいるにすぎない。専門知識があるというだけでは行政裁量を根拠づける理由にはならないといえよう。

さらに通説や下級審判例の認める裁量収縮の要件は，厳しすぎるのではないか。現代法治国家においては，生命，身体，財産に対する中程度の危険強度の場合および行政機関の権限不行使（怠慢）について何ら正当な理由も存在しない場合にも，裁量収縮を認めるべきであろう。

Ⅲ　公権および行政上の法律関係とは何か
(1)　公　権
(a)　公権の意義

　これまで，行政は法律により法律に基づいてなされなければならないこと，すなわち行政は法の拘束を受けることを説明した。さて，国民は行政が法律を遵守すべきことを要求することができるか。これは公権の問題である。公権は行政が法の拘束を受けることを実現するための法的武器である。国民が，行政に対して，いかなる範囲において公権を主張することができるか。この問題は行政法にとって極めて重要である。

　公権とは，直接自己の利益を追求するために，行政に対し，一定の行為を要求することのできる公法の規定によって認められた法律上の力をいう。公権は，立憲君主制憲法のもとで，一般的公益と個人的私益は基本的に対立するという観念に基づき，一般的公益の問題は国家が独占し臣民が介入できる問題ではないとし，臣民の権利を自由・生命・財産などの重要な利益が直接影響を受ける領域に限定することによって，国家と社会の領域を相互に限界づけるために理論構成されたものである。

　公権の概念規定は，ドイツの行政法学者ビューラーに遡る。それによれば，公権が成立するための要件としては，強行法規，保護規範および法律上の力の3要件が必要である。

　①　強　行　法　規　　まず行政が，公法行為（法律，法規命令，条例，行政行為，公法契約など）によって，強制的な行為義務を課せられていなければならない。

　②　保　護　規　範　　公権を承認できるためには，強行法規が，一般的公益の保護・実現だけでなく，個人的利益の保護をも目的としている場合でなければならない。

　③　法律上の力　　行政が公益を実現すべき義務には必ずしも国民の権利が対応しているわけではない。公権を承認できるためには，国民が行政法規を貫徹することができる法律上の力が，行政訴訟などにより，認められていることが必要である。

(b) 法の反射的利益

法の反射的利益とは，法が公益目的のために一定の命令・制限・禁止等の定めをしている場合に，その単なる反射的な効果として，ある人（第三者）が受ける事実上の利益をいう。行政が一般的利益の保護のために義務づけられている場合は，法の反射的利益が生じるにすぎない。純粋に経済的，政治的，文化的またはその他の事実上の利益は，公権を成立させるには十分でない。しかし公権と法の反射的利益の区別は流動的で明瞭でない場合が多い。かつて法の反射的利益とされたものが，法解釈の変遷により，法の保護を受ける法律上の利益（＝権利）として承認されることがある（最判昭37・1・19民集16巻1号57頁＝公衆浴場距離制限事件）。

(c) 公権の種別

公権は，いろいろの視点から分類することができる。

① 公権は，国家に対する国民の地位という点で，自由権（消極的地位），受益権（積極的地位）および参政権（主動的地位）に区別することができる。これはドイツの国法学者イエリネック（1851～1911）による公権の古典的区別に基づくものである。

自由権は公権力により違法に自己の自由を侵害されない権利である。とくに憲法は，集会・表現・宗教・学問などの自由を保障している。受益権は国家から積極的な利益を受けることを内容とする権利である。裁判を受ける権利，行政訴訟を提起する権利，聴聞を求める権利，許・認可を求める権利，損失補償請求権，公務員の給与請求権，公物使用権など多種多様な権利が含まれる。参政権は国および地方公共団体の統治に参加する権利で，選挙権，被選挙権，直接請求権などがそれに当たる。

② 公権は形式的公権と実質的公権とに区別することができる。

形式的公権は単に行政庁の形式的な行為を目的とする権利である。形式的公権に属するのは，例えば，瑕疵なき裁量行使を求める権利，行政手続における聴聞および行政手続に参加する権利などである。実質的公権は，行政庁に対し一定の作為・不作為・受忍を求める権利である。とくに重要な実質的公権として，違法な行政措置の排除や行政介入を求める権利がある。

Ⅲ 公権および行政上の法律関係とは何か

(d) 新しい公権論

　立憲君主制理論によれば，個々人の私的利益の保護を目的とする法の規定は公権を根拠づけるが，一般的公益の保護を目的とする法の規定は，高い価値があるにかかわらず，その違反を訴訟で主張することができない。このような矛盾を解決するためには，基本的に，立憲君主制的な法解釈論のドグマから解放されなければならない。

　法律は，いかなる要件の下に公権が成立し，いかなる内容を有するかについて，明確に規定していないことが多い。しかし，民主制憲法のもとでは，疑わしい場合には，行政の義務付けは国民の権利のために語るということができる。したがって法律が行政権の行使に制約を加えている場合は，単に抽象的な公益の保護だけを目的とするのではなく，国民個々人の個別的利益の保護も目的としているというように解釈しなければならない。公共の利益は，個人の利益の集結であり，同時に常に個人の利益をも追求するものである。もっぱら公共の利益の保護を目的とし，または個人にとって単なる「反射」にすぎない法律はもはや存在しない。ある法律が，例えば住民の健康を目的とする場合は，想像上の抽象物の保護のためではなく，個人としてのすべての人の保護を目的としているのである。一般的公益のみを目的とする規範は行政内部的な規範にすぎないといえよう。

(e) 国家の権限

　国家が国民に対して有する権限は，権利ではない。通説は，国または公共団体が優越的な意思の主体として相手方たる人民に対して有する権限を国家公権とし，警察権，統制権，公共的企業に対する監督支配権などを国家的公権として位置づけている。しかし，これらは権利というよりは権限（行為授権）であり，むしろ義務でさえある。もちろん国家も，私人と同様に私人と同じ立場で，私権を有することができる（例えば，土地所有権など）。

　基本的人権は法人にも適用できる場合があるが，行政主体が法人である場合でも，行政主体には基本的人権は帰属しない。行政主体は公的責務を遂行すべきもので，その点で基本的人権の所持者たりえない。

(2) 行政上の法律関係
(a) 行政上の法律関係の意義
行政上の法律関係とは，行政法の領域における具体的な権利・義務その他の法律関係をいう。しかし実際に行政法上の法律関係というときは，多数の人の具体的な権利義務が問題となる法律関係が考えられている。この狭義の行政法上の法律関係に属するのは，例えば，社会保険関係，公共施設の利用関係，補助金交付関係，公法契約によって生ずる債権債務関係および公務員の勤務関係，その他特殊な身分関係（国公立学校の在学関係，刑務所の在監関係など）などである。

(b) 行政上の権利の特殊性
① 公権の不融通性（一身専属性） 公権は，それが権利者の一身に専属する権利であるときは，譲渡や担保の供与，差押え等が禁止される。例えば，生活保護を受ける権利，年金受給権などは人的な資格に基づいて取得するものであり，譲渡性が否定される。このような権利は，受給権者が死亡した場合，相続による継承は認められない（最判昭42・5・24民集21巻5号1043頁＝朝日訴訟）。また人的視点が重要視される法的地位の取得，例えば自動車運転免許・営業許可・国家試験に基づく職業の許可等も，譲渡できない。しかし一身専属的でない権利は譲渡できる。議員の報酬請求権など財産的性格の請求権は譲渡性がある（最判昭53・2・23民集32巻1号11頁＝議員報酬事件）。

② 公権の相対性 公権は，絶対的な権利ではなく，合理的な範囲で制限を受ける相対的な権利である。公水使用権は，河川の全水量を独占排他的に使用できる権利ではなく，使用目的を充たすのに必要な限度で流水を使用し得るにすぎない権利である（最判昭37・4・10民集16巻4号699頁＝公水使用権事件）。

③ 金銭債権の消滅時効 国を当事者とする私法上の金銭債権については民法が適用され，10年の消滅時効であるが，公法上の金銭債権は会計法30条の適用を受け，5年で時効が消滅する。

(3) いわゆる特別権力関係
(a) 特別権力関係の意義
すべて国民は国家に対して一般的な法律関係のもとにあり，これを通常一般権力関係または一般的支配関係という。しかし，ある場合に

は国民と国家との間に、さらに特別に緊密で継続的な法律関係が成立することがあり、このような法律関係を明治憲法のもとでは、19世紀後半のドイツ公法学に倣って、特別権力関係と称した。

特別権力関係とは、公法上の特定の目的のために必要な限度において、包括的に一方が他方を支配し、他方がこれに服従すべきことを内容とする特別の支配服従の関係であり、具体的には、軍人や官僚などの勤務関係、国公立学校の学生・生徒の在学関係、刑務所の囚人の在監関係など特殊な身分関係がこれに当たるとされた。しかし現行憲法のもとでは、特別権力関係という観念は否定され、現在、そのような用語は判例上避けられているが、特別権力関係のような発想は今日なお完全に払拭されたとはいい切れない。特別権力関係の代わりに、特殊機能的法律関係、特殊的内部規律的法律関係ないし自律的部分社会論などという語を用いる学説もあるが、名称の差異にすぎない。

(b) **伝統的な理論**

伝統的な特別権力関係の理論は次の内容をもっていた。ⅰ 特別権力関係においては、行政側が包括的な命令権・懲戒権を有し、法律による行政の原理は妥当しない。ⅱ 特別権力関係においては、とくに基本的人権は妥当しない。ⅲ 特別権力関係における処分や決定に対する裁判上の権利保護は拒絶される。

このような特別権力関係において国家が有する包括的支配権は、法律による包括的な丸ごとの授権によって根拠づけられるか、あるいは個人の同意によって正当化された。前者の場合は法律による行政の原理に矛盾するものではないとされ、後者の場合は「欲する者に損害はなし」という原則により、権利侵害の可能性が否定された。要するに、特別権力関係の理論は、一般的権力関係において法律による行政の原理が確立される中で、立憲君主が絶対的な支配権を維持すべき行政領域を、議会による制約や裁判所のコントロールを受けない領域として確保しようとするものであった。このような理論は、明治憲法にはまさに適合的であったということができる。

(c) **現行憲法のもとでの理論**

現行憲法のもとで、当初支配的となった学説は、伝統的な理論を修正したものであったが、最近の学説はさらに前進し、特別権力関係の

理論の存在理由を否認する考え方が一般的になっている。しかし，これまで特別権力関係の概念のもとに捉えられてきた法律関係が社会的に存在していることは否定できない。判例は，地方議会内部の関係や国立大学の学生の在学関係について，これを自律的な法規範が妥当する特別な部分社会を形成していると位置づけ，部分社会内部の問題はその自主的・自律的な解決に委ねられるのが適当であり，裁判所の司法審査の対象とならない，しかし除名処分や退学処分のように一般市民法秩序と直接の関係を有する問題については司法審査が及び，当該部分社会の目的に必要な限度を超えて人権に制約が加えられる場合には司法審査に服する，としている（最判昭35・10・19民集14巻12号2633頁＝懲罰決議等取消請求事件，最判昭52・3・15民集31巻2号234頁＝富山大学単位不認定事件）。このような自律的部分社会論は特別権力関係理論の変形であるということができる。特別権力関係理論は，法治国性を浸透させることによって，なお修正されなければならない。それは，一応，次のような法的具体像をとるものといえよう。

① 特別権力関係は，法から自由な領域ではなく，その目的と機能から，特別の法律関係として承認することができる。特別権力関係における包括的支配権は存続することはできない。

② 特別権力関係の目的という理由だけで基本的人権を制限することは許されない。しかし特別権力関係の目的が全く法的意義を失うわけではなく，それがもっている価値に応じて，一般権力関係においては許されない法律上の制限を要求することもできる。権利の制限は，特別権力関係の目的を達成するために必要で，かつ，目的そのものが社会的利益によって正当化され，制限が比例原則の要件を満たし，その手続が透明化されなければならない。この点で，いわゆる特別権力関係について，行政手続法を全面的に適用除外とするのは問題である。

③ 通説・判例は，裁判上の権利保護について，係争の行政措置が一般市民法秩序と直接の関係を有するかどうかを基準として判断する。しかしこの区別は権利保護にとって有効な判断基準ではない。係争の行政措置が，公務員の組織内部的な職務ないし機関たる地位に関するものか，公務員や学生の個人的・私的な法的地位に影響を及ぼすものかを区別の基準とすべきである。特別権力関係の内部行為であっても，

権利侵害がある限り，権利保護を認めなければならない。

④　特別権力関係については，その透明性の向上が重要である。また法的問題は，多くの場合，一般的な行政裁量論に還元できるといえよう。

第3章　行政は誰が行うか

I　国および公共団体
(1) 行政主体

　行政権をもっている者は国および公共団体である。これを行政主体という。わが国では国と地方公共団体が代表的な行政主体である。地方公共団体には，立法権や司法権はないが，行政権が認められている。国のほかに，なぜ地方公共団体にも行政権を認めるのか。地方公共団体の制度の存在理由は，地方自治，すなわち自治と分権という考え方が合理的であるということにある。憲法は，「地方自治の本旨」に基づいた地方公共団体の存立を保障し，行政権と法律の範囲内の条例制定権をもつ統治団体としての地位を与えた。憲法に基づき地方公共団体の組織と運営に関する事項を定めたものが地方自治法である。

　地方自治法は，国と地方公共団体の役割分担の原則について，国においては国が本来果たすべき役割（ⅰ 国際社会における国家としての事務，ⅱ 全国的に統一して定めることが望ましい国民の諸活動に関する事務，ⅲ 地方自治に関する基本的な準則，ⅳ 全国的な規模・視点で行うべき施策・事業の実施）を重点的に担い，住民に身近な行政はできる限り地方公共団体にゆだねることを基本とするとし，地方公共団体に関する制度の策定および施策の実施に当たって，地方公共団体の自主性および自立性が十分に発揮されるようにしなければならない，と定めている。

　したがって，地方自治法は，従来の機関委任事務制度を廃止し，地方公共団体の事務は「地域における事務及びその他の事務で法律又はこれに基づく政令により処理することとされるもの」とし，これを自治事務と法定受託事務に区分する。法定受託事務とは，「国が本来果たすべき役割に係るものであって，国においてその適正な処理を特に確保する必要があるものとして法律又はこれに基づく政令に特に定めたもの」であり，自治事務とは，「地方公共団体が処理する事務のうち，法定受託事務以外のもの」である。法定受託事務は，機関委任事務に代わるものではあるが，多くの点で機関委任事務制度を引き継い

でいるといえよう。

　地方公共団体は，普通地方公共団体と特別地方公共団体とに分けられる。普通地方公共団体とは都道府県および市町村をいう。都道府県とは1都（東京都），1道（北海道），2府（大阪府・京都府），34県をいう。市町村は最も基礎的な地方公共団体であり，3,200あまりの市町村が市町村合併が進められて，平成23年には1,719となっている。また特別地方公共団体は特別区（東京都の23区），地方公共団体の組合，財産区および地方開発事業団とする。

　地方自治法は，市町村に権限を委譲する観点から，政令指定都市・中核市・特例市の制度を設けている。政令指定都市は，政令で指定された人口50万人以上の市をいい，都道府県の事務のうち市民生活に身近な事務が委譲され，条例で行政区を設けることができ，いわば府県並みに扱われる市である。平成23年4月現在，19市（札幌，仙台，さいたま，千葉，川崎，横浜，相模原，新潟，静岡，浜松，名古屋，京都，大阪，堺，神戸，岡山，広島，北九州，福岡）が指定されている。中核市は，人口30万人以上，面積100キロ平方メートル以上を有している市で，政令で指定されたものである。平成23年4月現在，41の市が指定されている。特例市は，人口20万人以上の市について政令で指定する。平成23年4月現在，40の市が指定されている。

(2) その他の行政主体

　国や地方公共団体のほか，公共組合，特殊法人，独立行政法人，地方公社，認可法人・指定法人なども行政活動を担っている。

　① 公共組合　公共組合は，特別の法律に基づき特定の公共的な業務を行うことを目的として設立される社団法人である。土地区画整理組合，土地改良区，健康保険組合などがこれに当たる

　② 特殊法人　特別の法律に基づき特定の公共的な事務・事業を国に代わって行うことを目的として設立される財団法人で，その新設，目的の変更，その他制度の改正廃止に関して総務省の審査対象とされるものをいう。都市基盤整備公団，環境事業団，国民生活金融公庫，日本政策投資銀行など多様で，特殊法人に対する国の関与（出資，役員などの人事，事業運営など）も様々である。

　③ 独立行政法人　公共の見地から確実に実施されることが必要

で，国自らが直接に実施する必要はないが，民間の主体では必ずしも実施されないおそれがあるものや1つの主体に独占して行わせることが必要である事務・事業について，効率的かつ効果的に行う法人で，独立行政法人通則法と個別法の定めるところにより設立されるものをいう。

④ 認可法人・指定法人 認可法人とは，民間等の関係者が発起人となって自主的に設立する法人で，特別の法律に基づき主務大臣の認可を要件として設立され，その業務が行政と密接に係わるものをいう。司法書士会，税理士会がこれに当たる。指定法人とは，特別の法律に基づき特定の業務を行うものとして行政庁により指定された民法上の法人であり，試験・検査・検定・登録などの行政事務を代行するものである。

⑤ 地方公社 地方公共団体のレベルにおいて，国における特殊法人に対応するもので，特別の法律に基づいて設立される。地方住宅供給公社，地方道路公社，土地開発公社などがある。なお，このほかにも，地方公社の名称をもつ公私共同出資による私法上の法人（いわゆる第三セクター）があるが，これらには行政主体性はないといえよう。

II 行 政 機 関
(1) 行政機関の意義

国や公共団体を法人と考えると，法人は自ら活動することができないから，そのためには，国や公共団体に代わって実際に行政権を行使し，行政活動をするものがいなければならない。これが行政機関である。行政機関とは行政事務を担任する法的地位である。国や公共団体の行政機関は無数にある。したがって，国や公共団体にはどのような機関があり，その間の関係はどうなっているかを明らかにする必要がある。これが行政組織の問題である。

行政組織の基本構造は，ドイツの社会学者マックス・ウエーバー（1864〜1920）が示した階層的——官僚制モデルによる「合法的な支配」に照応するものである。その特色は，タテ割り的な命令構造に基づく行政目的の実現であり，それが一定の権限分配と指揮監督の原則によって組織されている点にある。しかし，それは現代の行政機能の変

遷に迅速に対応し活動できる組織構造とはいえない。したがって，なお抜本的な組織改革が求められているといえよう。

(2) 行政機関の種類

行政機関は，その権限の形式から見て，行政（官）庁，補助機関，諮問機関，参与機関，監査機関，執行機関などに分類される。

① **行政庁** 行政庁とは，行政主体のために，その意思または判断を決定し，これを国民に表示する権限を有する機関をいう。行政庁は行政組織法の中心的な地位を占めている。例えば，各省大臣，各庁の長官，税務署長，地方公共団体の長（知事，各市町村長），行政委員会（公正取引委員会，教育委員会等の委員会）などがこれに当たる。ただし，国家行政組織法は，内閣府以外の省，委員会および庁を「国の行政機関」という。すなわち，省，委員会および庁については行政庁と補助機関を併せて1つの行政機関とし，行政庁に当たるものを長という。

② **補助機関** 補助機関とは，行政庁の職務遂行を補助する機関をいう。各省の副大臣，大臣政務官・事務次官，地方公共団体の副知事・助役，各内部部局の局長・部長・課長・事務官など広く職員一般を含む。

③ **諮問機関** 諮問機関とは，行政庁の諮問に応じて意見を述べる機関であり，その例として，顧問，各種の審議会・協議会・調査会などがある。

④ **参与機関** 参与機関とは，行政庁の意思また判断の決定に参与する機関で，参与に法的拘束力のある機関として電波監理審議会がある。

⑤ **監査機関** 他の行政機関の事務処理や会計の処理について監査を行う機関で，会計検査院，地方公共団体の監査委員などがこれに当たる。

⑥ **執行機関** 執行機関とは，国民に対し実力を行使する権限を有する機関をいう。例えば，警察官，海上保安官，消防職員，収税職員などである。

(3) 行政庁

行政庁は行政組織の最も重要な機関である。行政庁を中心に行政

Ⅱ 行政機関

の組織と活動を見ようとする考え方が行政官庁理論である。以下には，行政庁に関する現行法の主な原則の概要について述べる。

(a) 構　成

　行政庁は，その構成から見るときは，独任制と合議制とに分かれる。独任制は1人の自然人の意思または判断がその行政機関の意思または判断となるものをいい，合議制とは2人以上の自然人の意思または判断がその行政機関の意思または判断となるものをいう。行政機関の地位にある人が複数であっても，合議制でないものもある（例えば暴力団対策法の専門委員，地方公共団体の監査委員）。行政事務は，決定を敏速にし，秘密を保持し，責任の所在を明確化することが必要であるから，行政庁は，独任制を原則とする。しかし実際には，行政庁があらゆることを1人で決定しているわけではなく，多くは下からの積み上げ方式により，行政庁——補助機関という枠組み全体で決定が行われているということができる。この場合，補助機関（課長，局長，事務次官など）の実際の職務権限・責任の所在および範囲は曖昧であるから，官僚の無責任体制ができあがる。

　行政事務を慎重かつ民主的に行う必要がある場合や住民・専門家の参加が必要である場合には合議制がとられる。内閣，人事院，国家公安委員会，各種の審議会などが，その例である。

(b) 権　限

　行政庁の担任する行政事務の範囲は一定の範囲に限られ，この範囲を権限という。すなわち権限とは，行政庁が行政主体を代表して活動することのできる範囲をいう。その場合，行政庁が行う活動の法律上の効果は，行政権を有する行政主体に帰属することになる。

① 権限の範囲　権限の範囲はいろいろの視点から定められている。

　第1は，行政庁の権限に属する事項の範囲が定められる場合で，これを実質的権限という。権限がその事項の全般に及ぶものを普通官庁，そのうち特定の事項に限られるものを特別官庁という。第2は，その権限が及ぶ地域の範囲が定められる場合で，これを地域的権限という。地域的権限が全国に及ぶものを中央官庁，地方に限られるものを地方官庁という。造幣局は大阪にあるが中央官庁であり，警視庁は東京に

あっても地方官庁である。第3は，権限の対象たる人の範囲が定められている場合で，これを対人的権限という。例えば，国立大学の学長の権限は大学の職員と学生だけに及ぶ。第4は，その権限行使の形式の範囲が定められている場合で，これを形式的権限という。たとえば，各省大臣および外局の長は，命令と処分の形式の行為を行うことができるが，その他の行政庁は処分の形式の行為のみを行うことができる。

(c) **権限の代行**

行政庁の権限は行政庁自ら行うことが本則である。しかし，行政庁に代わって他の行政機関がその権限を行使することがある。このような権限の代行には，権限の委任と代理および専決・代決という形態がある。本来の職務に専念せず丸投げしようとする官僚が多いためか，権限の代行に関するシステムは良くできている。

① **権限の委任**　権限の委任とは行政庁がその権限の一部を他の行政機関に委譲し，それをその行政機関の権限として行わせることをいう。権限の委任があったときは，委任庁はその権限を行使することができず，受任機関が自己の名と責任において行使する。権限の委任は法律上定められた権限の分配を変更するものであるから，法律の明示に認める場合に限りかつ常に権限の一部に限られる。権限を丸投げし，俸給だけは受け取るということは許されない。

② **権限の代理**　権限の代理とは行政庁の権限の全部または一部を他の行政機関が代わって行使することをいう。委任と異なり，権限を移すのではなく，権限はもとの行政庁に属し，ただ現実の行使を他の行政機関が代行するものである。したがって代理の場合，代理機関は被代理行政庁の名においてその権限を行使し，その行為は被代理行政庁の行為として効力を生じる。

権限の代理には，授権代理と法定代理がある。

i **授権代理**　授権代理とは，被代理行政庁の授権に基づいて代理関係が発生する場合をいう。この場合被代理行政庁の権限の変動が生じないから，法律の根拠は必要ないというのが通説であり，行政実務では訓令の形式で行われている。しかし授権代理は，包括的に定められた権限の一部について許され，個別的に定められた権限については許されないと解すべきである。被代理行政庁は，代理者の行為を監

督する権限を有し，その行為について責任を負う。

　ⅱ **法定代理**　　法定代理とは，一定の事実の発生に基づき法律上当然に代理関係が発生する場合をいう。法定代理には，代理者が法律の規定によって当然定まる場合と被代理行政庁の指定（例，副総理）または第3の機関の指定によって定まる場合がある。被代理行政庁は，代理者の行為を監督する権限はなく，したがって，それについて責任を負わない。法定代理においては，代理されるべき行政庁たる人が欠けている場合があり，この場合には代理といわないで，事務取扱・心得などと呼ぶことがある。

　③　**専決・代決**　　専決とは，行政庁の権限事務を補助機関が常時代わって決裁することが認められている場合をいい，代決とは，行政庁の専決者が不在のとき，より下級の補助機関が一時代わって決裁することが認められている場合をいう。専決・代決は，行政組織の内部的な事務処理方式で，補助機関の押印のみで決裁する方式であり，外部に対しては行政庁の名で表示されるものである。

　(d)　**行政機関相互の関係**

　行政組織は全体として統一的かつ有機的な行政事務の処理を可能にするものでなければならず，行政機関相互の意思および判断の形成をできるだけ統一的に，かつ矛盾がないようにしなければならない。そのために，上下関係においては指揮監督，対等関係においては協議という具体的な法的手段が用意されている。

　①　**指 揮 監 督**　　上級行政庁と下級行政庁との間の意思および判断の統一は指揮監督による。指揮監督は，行政作用の適法性・合目的性を保障すべきもので，次の手段がある。

　ⅰ **監　視**　　上級行政機関が，下級行政機関の権限行使の状況を知るために，事務の執行を検閲し，報告を徴することをいう。

　ⅱ **許・認可**　　下級行政機関の権限行使について，事前に上級行政機関の承認を要求することをいう。

　ⅲ **訓令・通達**　　訓令は，上級行政機関が下級行政機関の権限行使を指揮するために発する命令である。訓令が書面の形式をとる場合，これを通達という。訓令は予防的監督手段であるが，下級行政機関の権限行使に対する矯正手段であることもある。訓令は，下級行政機関

に対する上級行政機関の命令であるから，その拘束は行政機関相互間に限り，国民には及ばない。

ⅳ 取消し　取消しは，上級行政機関が下級行政機関の権限行使を違法または不当であると認める場合に，その効果を失わしめる行為である。取消しは，訓令と異なり，その効果は当然に直接国民に及び，下級行政機関の権限の代執行の性質を有するから，その性質上，法律の根拠を要すると解すべきである。通説は，取消しは指揮監督の権限に当然含まれているから，特にその旨の法律の根拠は必要がないと解している。

② **協　議**　対等の行政機関相互の間の意思および判断の統一は協議による。広い意味の協議には同意・承認・意見聴取も含まれる。意見聴取の場合，相手方の意見に拘束されるものではない。協議を要する場合，協議が調わないときの権限争議の裁定は，下級行政機関相互の間では共通の上級行政機関があるときはその裁定により，上級行政機関がないときは双方の上級行政機関の協議によって，行為を行う。上級行政機関相互の間で協議が調わなければ，行為を行うことはできない。

(4) **国の行政組織の概要**

(a) **内　閣**

現行の国の最高の中央行政庁には，普通官庁として内閣があり，特別官庁として会計検査院がある。会計検査院を例外として，国の一切の行政事務はすべて内閣に属する。

内閣は国務大臣の合議体であって，首長である内閣総理大臣ならびに14人以内（特に必要がある場合には3人を限度にこれを増員することができる）の国務大臣によって構成される。内閣の職権は閣議によって行い，閣議は内閣総理大臣がこれを主宰する。閣議の決定は国の意思たる力を有し，各大臣を拘束する。内閣は国会に対して連帯責任を負い，また内閣総理大臣は任意に他の大臣を任免できることから，閣議の決定は全員一致によるべきであると解されている。

行政事務は，一部を内閣が自ら直轄し，他は内閣の下において内閣総理大臣，各省大臣およびそれに付属する外局がこれを分担管理する。これを分担管理の原則という。大臣は，内閣の構成員として国務大臣

であり，同時に行政事務を分担管理する「主任の大臣」，すなわち各省の長官としての行政長官でもある。ただし，行政事務を分担しない無任所大臣を置くことも認められ，また内閣府の設置と共に，内閣にイニシアティブを発揮させるため内閣府に特命担当大臣を置くことができる。現在，経済財政担当，金融担当，行政改革担当，沖縄・北方対策担当，原子力担当などの特命担当大臣が置かれている。

内閣にはその補助機関として内閣官房が置かれる。内閣官房に内閣官房長官1人を置き，国務大臣をもって充てる。また，内閣官房副長官3人を置く。さらに，別に法律の定めるところにより，内閣法制局，安全保障会議および人事院が置かれている。

(b) **府・省・庁・委員会**

内閣の下に，府，省，委員会および庁が置かれる。現在，内閣府のほか，11省・7委員会・15庁が置かれている（そのほかに内閣府に宮内庁がある）。なお，長が国務大臣である行政機関の数をもとに，現在の体制を，1府12省庁体制ということもある。

① **内閣府** 内閣府は内閣に置かれ，内閣総理大臣を長とする機関である。内閣官房の総合戦略機能を助け，横断的な企画・調整機能を担うとともに，内閣総理大臣が分担管理する行政事務を処理する。したがって，内閣府には，国家行政組織法は適用されない。

また，内閣府には，内閣の重要政策に関する会議として，経済財政諮問会議，総合科学技術会議，中央防災会議，男女共同参画会議が置かれる。

② **省，委員会，庁** 省は内閣の統括の下に行政事務をつかさどる機関で，現在，総務・法務・外務・財務・文部科学・厚生労働・農林水産・経済産業・国土交通・環境・防衛の11省が置かれている。各省の長が各省大臣で，主任の大臣として行政事務を分担管理する。

委員会と庁は，内閣府または省の外局として置かれる。外局は，内閣府または省の内部部局に対し，内閣府または省の外にあってこれに付属する機関である。委員会は，その事務の処理に政治的中立性ないし専門技術性が要求されることに基づいて設置され，庁は，主としてその事務が特殊であるか多量であるため，内閣府または省の内部で処理することが不適当であることに基づいて設置される。したがって

第3章　行政は誰が行うか

国の行政機構（平成23年9月2日現在）

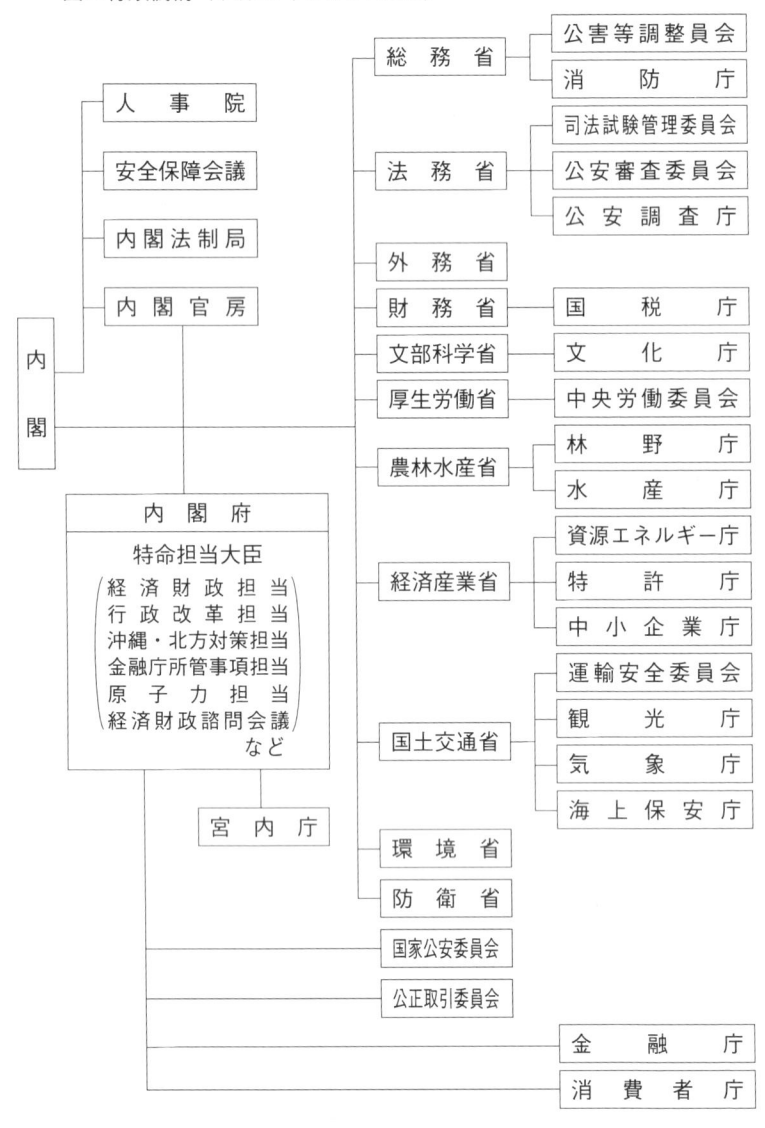

```
内閣
├─ 人事院
├─ 安全保障会議
├─ 内閣法制局
├─ 内閣官房
├─ 総務省
│   ├─ 公害等調整員会
│   └─ 消防庁
├─ 法務省
│   ├─ 司法試験管理委員会
│   ├─ 公安審査委員会
│   └─ 公安調査庁
├─ 外務省
├─ 財務省 ── 国税庁
├─ 文部科学省 ── 文化庁
├─ 厚生労働省 ── 中央労働委員会
├─ 農林水産省
│   ├─ 林野庁
│   └─ 水産庁
├─ 経済産業省
│   ├─ 資源エネルギー庁
│   ├─ 特許庁
│   └─ 中小企業庁
├─ 国土交通省
│   ├─ 運輸安全委員会
│   ├─ 観光庁
│   ├─ 気象庁
│   └─ 海上保安庁
├─ 環境省
├─ 防衛省
├─ 内閣府
│   　特命担当大臣
│   （経済財政担当
│    行政改革担当
│    沖縄・北方対策担当
│    金融庁所管事項担当
│    原子力担当
│    経済財政諮問会議）
│    　　など
│   └─ 宮内庁
├─ 国家公安委員会
├─ 公正取引委員会
├─ 金融庁
└─ 消費者庁
```

外局は，内部部局と異なり，それ自身独立の行政庁たる地位を有する。外局の長は，内閣総理大臣または各省大臣の監督の下にあるが，その所掌の事務については規則その他の命令を発し，行政処分を行い，下級行政機関および所属職員を監督する権限を有する。委員会の長は委員長，庁の長は長官と呼ばれる

　庁のうち，主として政策の実施に係わるものが「実施庁」と呼ばれる。公安調査庁，国税庁，特許庁，気象庁，海上保安庁などがこれに当たる。

　③　**内 部 部 局**　内閣府と省には，官房，局（特に必要がある場合には，官房・局のなかに部）が，庁には官房，部が置かれる（内閣府に置かれる庁には局をおくこともできる）。委員会には事務局が置かれ，事務局の内部組織として官房・局・部が置かれる。官房・局・部には課およびこれに準じる室が置かれる。

　内閣府と各省には，事務次官1人が置かれる。事務次官は，大臣を助け，省務を整理し，各部局および機関の事務を監督する。各庁は，とくに必要がある場合，長官を助け，庁務を整理する職として次長を置くことができる。なお，内閣府と各省には，政治主導強化のために，それぞれ複数の（法務省，防衛省，環境省は1人）副大臣および大臣政務官が置かれる。いずれも，政治と行政の調整を担当し，国会に主席して答弁することができる。

　④　**地方支分部局**　地方に置かれる国の出先機関を地方支分部局という。これは国の地方行政庁であって，それぞれ，管轄区域をもって設けられているが，地方行政庁間を直接調整する制度はない。法務局，税関，税務署，食糧事務所，気象台などがこれに当たる。

　⑤　**審　議　会**　内閣府と各省には，様々な付属機関があるが，そのうち，行政における政策立案，決定，執行のプロセスで，専門技術的知見の導入，公正中立な利害調整の確保，国民の意見の反映の確保などを目的として設置される合議制の機関として審議会がある。法制審議会，税制調査会，原子力委員会，社会保障審議会，国民生活審議会，情報公開審査会などがその例である。

(5) 地方公共団体の行政組織の概要
(a) 二元的代表制

国においては国会の議員が国民の選挙によって選ばれ，議員によって組織される国会の信任に基づいて，内閣が構成される。これが議院内閣制である。これに対し，地方公共団体には，議会と長（知事・市町村長）が置かれ，それぞれ，住民の直接選挙によって選ばれる。議会と長は，いずれがよりよく住民の意思を引き出すことができるかという競争関係にある。これが二元的代表制である。

① **議会と長**　議会は議決機関であり，条例をはじめ重要な事項に関する議決権もっている。議決事項は法定されているが，法定受託事務を除き，条例で追加することができる。その他，選挙権，検閲権・検査権・監査請求権，国会・関係行政庁への意見提出，調査権，長の不信任議決権などの権限をもっている。

長は執行機関である。執行機関としては，長のほか，委員会および委員が置かれる。長は，その普通公共団体を統括し，代表する。長は，議会を招集し，議案や予算案を提出する。しかし，長をはじめとする執行機関は，議長から出席を求められたときに限り，議場に出席することができる。委員会および委員としては，選挙管理委員会，教育委員会，都道府県公安委員会，人事委員会または公平委員会および監査委員がある。

② **不信任議決と解散**　議会は長の不信任議決を行うことができ，不信任議決がなされたときは，長は対抗手段として議会を解散することができるが，10日以内に解散せず，または解散後はじめて招集された議会において再び不信任の議決があったときは，長はその職を失う。議会の不信任議決の権限は，長と議会が対等のものとなった結果，両者の間の紛争の解決の手段として認められたものである。しかし長は，解散権を行使せず，失職を選択し，再び長の選挙に立候補することもできる。いずれにしても，議会と長の意見の衝突の調整は，最終的には住民の意思に求められる。

③ **再議**　長は，条例や予算に関する議会の議決が不当または違法であり，執行するのに不適当と考えるときなど，議会に再議を求めることができる。

④　**専決処分**　長は,議会が成立しないときなど,あるいは軽易な事項で議会の議決で指定した事項は,専決処分にすることができる。

(b) **内部組織**

　①　**補助機関**　長の補助機関として,副知事および助役,出納長・副出納長および収入役・副収入役,専門委員などの特別職と吏員その他の職員が置かれる。また,長の権限に属する事務を分掌させるために,内部部局および出先機関(支庁・地方事務所[都道府県],支所・出張所[市町村]の一般出先機関と保健所・警察署・福祉事務所などの特別出先機関がある)を設けることができる。

　②　**附属機関**　執行機関の附属機関として,自治紛争処理委員,審査会,審議会,調査会,その他の調停・審査・諮問・調査のための機関を設置することができる。

Ⅲ　公務員

(1) 公務員の意義

　公務員とは,国または公共団体の行政機関の地位にあり,公務に従事する人をいう。公務員は,機関と異なり,国または公共団体とは独立の人格を有し,国または公共団体に対し一定の権利を有し,一定の義務を負う。公務員には国の公務員と公共団体の公務員があり,前者を国家公務員,後者のうち,地方公共団体の公務員を地方公務員という。

　公務員は,行政機関として一定の範囲の職務を担任しており,この職務の範囲を職という。職は,一般職と特別職に区別される。特別職は法律に限定列挙されており,内閣総理大臣,国務大臣・副大臣・大臣政務官,宮内庁長官・宮内庁職員,大使,裁判官・裁判所職員,国会職員,防衛省職員,特定独立行政法人の役員などがこれに当たる。列記された特別職については,それぞれ特別の法律が適用される。特別職以外の職が一般職で,国家公務員法・地方公務員法は一般職についてのみ適用される。

(2) 公務員関係の成立

(a) 任　用

特定の者を特定の職に就けることを任用という。職員の任用は，その者の受験成績，勤務成績またはその他の能力の実証にもとづいて行わなければならない。これを成績主義という。

公務員の任用には採用・承認・降任・転任の4種がある。

① 採用とは未だ職に就いていない者を新たに職に任命することをいう。

② 昇任とは，現に職に就いている者をそれより上級の職に任命することをいう。

採用および昇任は，すべて条件付のものとし，その職員が6月以上良好な成績でその職を遂行したときに，正式のものとなる。

③ 降任とは現に職に就いている者をそれより下級の職に任命することをいう。降任は，本人が同意した場合のほか，勤務成績が良くない場合，心身の故障のため職務の遂行に支障がありまたはこれに堪えない場合，その他その職に不適格な場合，官制（職制）もしくは定員の改廃または予算の減少によりは廃職または過員が生じた場合は，その意に反しても行うことができる。

④ 転任とは現に職に就いている者をそれと職級を同じくする他の職に任命することをいう。特に規定がある場合のほか，通説は，本人の同意を必要とせず，一方的に命ずることができるとする。

⑤ 以上の例外として，緊急の場合，臨時の職に関する場合などは，人事院（人事委員会）の承認を得て，以上の手続によらない臨時的任用を行うことができる。その任期は6月以内とし，1回限り6月の期間をもって更新することができる。臨時的任用は任用に際していかなる優先権をも与えるものではない。

(b) 職　階　制

公務員の職は職階制に分類整理される。職階制とは，公務員の職を職務の種類（職種）および複雑と責任の度（等級）を基準にしてなされる公務員の職の分類をいい，その各項を職級という。公務員の一切の職はいずれかの職級に格付けされ，同一の職級に属する職については，同一の資格要件を必要とするとともに，同一の幅の俸給・給与が

支給される。しかし、職階制はいまだに実施されておらず、公務員の職、とくに管理職の権限と責任が不明確であるという点が公務員制度の大きな欠陥であるといえよう。現在、「一般職の職員の給与に関する法律」による俸給表の職務の分類が職階制と見なされている。

(c) **任命権者および人事行政機関**

国家公務員の任命権は、その職の所属に従い、内閣・内閣総理大臣・各省大臣・会計検査院長・人事院総裁ならびに宮内庁長官および各外局の長に属し、外局の長の任命権は、その所属に従い、内閣総理大臣および各省大臣に属する。地方公務員の任命権は、長・議会の議長・選挙管理委員会・代表監査委員・教育委員会・人事委員会または公平委員会・警視総監または道府県警察本部長・消防長・その他法令または条例の指定するものに属する。

任命権者とは別に、独立の人事行政機関として、国には人事院があり、地方公共団体には人事委員会・公平委員会がある。

人事院は、内閣の所轄のもとに置かれる人事官3人の合議制機関であり、実質的には行政委員会である。人事院は、国家公務員試験の実施、給与勧告、研修計画の作成、兼業の承認などの業務を行うほか、人事院規則を制定することができ、さらに職員への不利益処分に対する不服申立てや勤務条件措置要求の審査を行う。

人事委員会は、人事院と同様の行政権限、準立法的権限、準司法権限を有している。公平委員会は、小規模な市町村に置かれ、おもに準司法的権限を行使する。

(d) **公務員になるための要件**

公務員になるための要件には能力要件と資格要件がある。前者は一般に公務員となるために必要な要件をいい、後者は特定の職に任用されるために必要な要件をいう。これらの要件はすべての国民について平等であることを要し、人種・信条・性別・社会的身分・門地または政治的意見もしくは所属によって差別されることはない。

① 現行法上、能力要件を欠くとされる者は、禁治産者および準禁治産者、禁固以上の刑に処せられ、その執行を終りまたは執行を受けることがなくなるまでの者、懲戒免職の処分を受けて2年を経過しない者、人事院の人事官または事務総長（人事委員会または公平委員会の委

員）の職にあって人事に関し罪を犯し刑に処せられた者，日本国憲法またはその下に成立した政府を暴力で破壊することを主張する政党その他の団体を結成しまたはこれに加入した者である。能力要件を欠く者を任命する行為は，法律上の不能を目的とするもので，無効である。

② 外国人が公務員となる能力を有するかどうかについては，直接の規定はない。通説は，外国人は公務員となる能力はないと解している。しかし外国人の公務就任能力を認める「国立および公立の大学における外国人教員の任用等に関する特別措置法」（昭57）がある。

③ 資格要件については，試験任用が原則で，例外として選考任用が認められている。

(3) 公務員関係の内容
(a) 公務員の権利

① 身分を保有する権利 公務員は，その身分および職を保有する権利を有し，法律または人事院規則（条例）に定める事由によるほか，その意に反して降任・休職または免職されることがない。これを身分保障または分限という。

② 給与請求権 公務員は給与を受ける権利を有する。

③ 措置要求権・不服申立権 公務員はその権利および利益を保持するために行政上の措置を要求し，不当な処分に対し不服申立てを行う権利を有する。

④ 公務災害補償請求権 公務員は，公務に基づいて傷病または死亡した場合には，本人およびその扶養する者の受ける損害に対し補償を受ける権利を有する。

⑤ 退職手当・年金等を受ける権利 公務員が退職しまたは在職中死亡したときは，本人またはその遺族は退職金その他の給付を受ける権利を有する。

⑥ 安全配慮義務 国，地方公共団体は，公務遂行のための場所，施設などの設置管理および遂行する公務の管理に当たって，公務員の生命，健康などを危険から保護するよう配慮すべき義務（安全配慮義務）を負う（最判昭50・2・25民集29巻2号143頁＝国の安全配慮義務違反事件）。

(b) 公務員の義務

公務員は，国民全体の奉仕者として公共の利益のために勤務し，職

Ⅲ　公務員

務の遂行に当たって全力を挙げてこれに専念しなければならない。この原則に従い，公務員の義務が定められている。義務の内容は国家公務員と地方公務員とにほぼ共通している。公務員の義務として，服務宣誓の義務，法令および上司の命令に従う義務，争議行為の禁止，信用失墜行為の禁止，秘密保持義務，職務専念義務，政治的行為の制限，私企業（営利企業）からの隔離，公務員倫理の保持などがある。

　①　**法令および上司の命令に服従する義務**　公務員は，その職務を行うについて，法令に従い，かつ，上司の職務上の命令に忠実に従わなければならない。上司とは公務員の職務を指揮する権限ある上級の公務員を意味し，公務員に対する上司の職務上の命令を職務命令といい，行政機関に対する上級の行政機関の指揮命令を訓令という。職務命令は，訓令・通達などと呼ばれることもあるが，両者は次の点で区別しなければならない。ⅰ　職務命令は職務の執行そのものだけでなく，職務に関係のある一切の事項に及ぶのに対し，訓令は行政機関の権限の行使を指揮する命令である。ⅱ　職務命令は，公務員としての個人に対する命令であるから，原則として公務員たる人の更迭とともに失効するのに対し，訓令は，行政機関に対する命令であるから，行政機関を担当する公務員が更迭しても，効力を継続する。ⅲ　公務員は行政機関の地位にあるから，行政機関に対する訓令は同時に公務員に対する職務命令の性質を有する。

　法令遵守義務と職務命令服従義務とが公務員の一身において衝突する場合がある。これが服従義務の限界の問題である。すなわち，上司が適法と判断する職務命令を部下の公務員が違法であると主張する場合である。この問題について，従来の通説は，職務命令の違法性が「重大かつ明白」ないし「明白」である場合には，その命令は無効であって，これに服従する義務はない，としていた。しかし，そのような場合には，上司と部下との間に法令の解釈について見解の対立が生じない場合であるといえよう。

　最近の通説は，職務命令が訓令的内容をもっている場合には，組織の統一性が確保されるべきであるから，公務員はこのような職務命令の適法性審査権を原則としてもたない，これに対し，公務員個人に対する職務命令（出張命令，服装の指定など）が違法な場合には，違法な職

務命令に対しては服従義務はないし，何らかの救済のルートが確保されるべきである（例えば，職務命令不服従を理由とする懲戒処分を争う際の違法の抗弁や職務命令自体に対する取消訴訟など）と解している。しかし，職務命令を受けた部下たる公務員は上司の命令を違法であると主張し，これを無視することはできない。部下たる公務員の法的判断が拘束力をもって通用することはないことに注意しなければならない。

　② **労働基本権の制限**　基本的人権は公務員関係においても当然に妥当するが，その行使は制限される。この制限の法的根拠は，伝統的な特別権力関係の理論では法律の包括的な授権か個人の同意に求められたが，現在では公務員法の具体的な規定に求めなければならない。しかし問題は，その法律の規定が合理的な制限の程度を超えるものでないかどうかという点にある。すなわち公務員関係における基本的人権の制限は，画一的な制限ではなく，その公務員関係の目的，種類および職種等に応じて，必要最小限度のものであり，したがって多様のものでなければならない。

　公務員の労働基本権は現行法上次のように制限されている。

　ⅰ　警察職員・海上保安職員・消防職員・監獄職員については，団結権および団体交渉権を否認し，その他の公務員については団結権を認める。

　ⅱ　非現業の公務員については団体交渉権を否認し，現業の公務員についてはこれを認める。

　ⅲ　すべての公務員について争議行為を禁止する。国家公務員および地方公務員は，争議行為をしたときは，その開始とともに国に対し任命上または雇用上の権利を対抗できないし，また争議行為を共謀し，そそのかし，もしくはあおり，またはこれらの行為を企てた者を処罰する規定もおかれている。

　なお，争議権制限の代償措置として，公務員は人事院（地方公務員の場合は人事委員会または公平委員会）に対し勤務条件に関する措置要求をすることができる。

　③ **政治的行為の制限**　国家公務員については選挙権の行使以外の政治的行為が全面的に禁止されている。最高裁は，政治的行為の禁止および政治的行為に対する罰則を憲法に違反するものでないとして

いる（最判昭 49・11・6 刑集 28 巻 9 号 393 頁＝猿仏事件）。

地方公務員については，制限される政治的行為の重要なものは地方公務員法に掲げられ，その他は条例に委ねられるが，一定の政治的行為はその職員の属する地方公共団体の区域外で行うことが許される。また，政治的行為の制限に対する違反については罰則が設けられていない。なお公立学校の教育公務員については，国家公務員の例によることとされているが，罰則の適用はない。

④ **公務員倫理の保持**　国家公務員倫理法（平成11・8・13）は，国家公務員の職務に係る倫理を保持し，国民の信頼を確保することを目的とする。これは，官官接待，公金の不正使用，大蔵官僚や外務官僚の倫理感の欠如など相次ぐ汚職事件に対する反省から制定された。

この法律は，ⅰ 本省課長補佐級以上の職員に対し，事業者等から金銭・物品その他の財産上の利益の供与や供応接待で1件5,000円を超えるものを受けたときの報告，ⅱ 本省審議官以上の職員に対して，株取引等や所得等の報告書の提出などを義務づけている。また，法律の定める倫理原則を踏まえて，国家公務員倫理規程（政令）が制定され，利害関係者との間で禁止される行為，利害関係者以外の者との間における禁止行為などに関する規則等を定めている。利害関係者との間で禁止される行為は，金銭等の贈与や貸し付けを受けること，無償で物品等の貸し付けや役務の提供を受けること，供応接待を受けること，遊技・ゴルフをすること，などである。違反者に対しては，罰則規定はなく，公務員法上の懲戒処分が課せられる。なお，人事院に国家公務員倫理審査会が置かれ，各行政機関には倫理監督官が置かれる。

(c) **公務員の責任**

① **懲戒責任**　公務員が，国家公務員法や地方公務員法に違反した場合，職務上の義務に違反し，または職務を怠った場合，国民全体の奉仕者たるにふさわしくない非行があった場合には，免職，停職，減給または戒告の懲戒処分を受けることがある。これれを懲戒罰といい，このような罰を受けるべき地位を懲戒責任という。

② **弁償責任**　出納官吏，物品管理職員，物品使用職員および予算執行職員は，国庫または地方公共団体に対して財産上の損害を生ぜしめたときは，その公務員に弁償責任が負わせられる。しかし，そ

れ以外の一般の公務員は弁償責任を負わない。

③ **刑事責任**　公務員の職務上の義務違反の行為が同時に法の定める犯罪に該当するときは，公務員は個人として刑事上の責に任ぜなければならない。

(4) 公務員関係の終了
(a) 離　職
公務員関係は，公務員の離職により，終了する。離職とは，公務員が公務員としての身分を失うことをいう。離職には，失職，免職，辞職，退職がある。

① 失職とは，公務員が欠格事項に該当することにより当然にその身分を失う場合である。この場合には辞令を用いず，公務員の身分は当然に消滅する。

② 免職は，任命権者の一方行為により公務員の身分が消滅せしめられる場合であり，法律に定める事由が存在する場合に行われる。免職には，分限免職と懲戒免職がある。前者は，行政運営の必要上，その公務員を職に就けておくことが望ましくない場合に行われるもので，本人の意思に反して行われる。後者は，職務懈怠等公務員の責に帰すべき事由があった場合に，職場の規律保持の目的から，制裁措置として行われるものである。

③ 辞職は本人の願により公務員の身分が消滅せしめられる場合で，辞職の申出があっても任命権者の同意あるまでは辞職は成立せず，辞令書の交付によって公務員関係が消滅する。したがって退職辞令の交付前においては，退職願の撤回は原則として自由である（最判昭34・6・26民集13巻6号846頁）。

(b) 定　年
国家公務員は，定年に達したときは，退職する。定年は原則年齢60年である。自衛官または自衛隊隊員，大学教員，検察官，裁判官の定年については，別に法律が定めている。地方公務員の定年については，国の職員の定年を基準として条例で定めるものとされている。

(5) 公務員制度の改革
近代的公務員制度は民主化されなければならない。身分を保障され自己の牙城に籠る官僚は，立憲君主への滅私奉公に代って，いわゆる

「省益」と天下り先（再就職）の確保に固執し，省庁の構造改革に抵抗する。公務員制度は，例えば局長クラス以上の上級の幹部公務員については，その権限と責任の範囲と所在を明確化し，身分保障をはずして政治的任用職にする，能力・実績に応じた人事管理・昇進管理のために幹部候補生システムにメスを入れ，客観性・公平性の高い人事評価システムを整備するなど，民主的な改革を迫られているといえよう。

第4章　行政はどんな形で活動するか(1)

Ⅰ　行為形式
(1)　行政活動の形式
　行政活動は複雑で多種多様である。行政法学の特色は、このような行政活動について法的判断が容易にできるように、活動の形式（行為形式）という視点で、行政活動の類型を整理した点にある。すなわち、行政の活動を法的基準（例えば、権限、適法・違法、有効・無効、権利保護など）に基づいて、類型化し体系化した。この点が、同じく行政の活動を対象とする行政学や社会学と異なる点である。

(2)　行為形式の機能
　行政の行為形式とは何かの問題は同時にその機能を明らかにすることである。行政の行為形式には次の機能がある。

　① **合理化機能**）　行為形式には、行政活動について判断されるべき基本的な問題の解決を合理化する機能がある。法律の適用者は、問題の行政活動を行為形式の1つに分類することによって、行政活動についての法的諸問題、すなわち適法要件、有効要件、行政手続、行政強制、訴訟の方法、国家責任などについての原則的な解答を引き出すことができる。

　② **複雑性縮減機能**）　行為形式は多様な行政現象の複雑性を縮減する。行為形式は、本質的なものを抽象化するから、法適用および法実現のプロセスにとって負担軽減機能を果たす。

　③ **法治国的機能**）　行為形式は、行政決定の正しさのために、行政活動を一定の「形式」に拘束する。それは多様で無定形の行政活動を1つの「形式」に取り込み、その結果、行政の専断による国民の利益の侵害を阻止するのみならず、法形式の要素と効果は行政の自由にならないから、法的明確性と安定性を保障し、法的価値の積極的な実現に奉仕する。

　④ **行政目的の実現機能**）　行為形式は行政目的を実現する道具として展開される。これによって行政は確実に効率的に適法にその責務

を遂行できる。

行政活動の重要な行為形式の種類として，行政立法，行政計画，行政行為，行政契約，行政指導および私法上の行政活動を区別することができる。そのうち，最も重要な行為形式は行政行為である。行政行為は行政作用法の中心的概念である。

II 行政行為
(1) 行政行為の概念

行政行為とは，行政庁が，具体的事実を規律するために，公権力の行使として，外部に対して行う直接の法的効果を生じる行為をいう。行政行為の語は，学問上の用語であって法令用語ではない。法令で用いられている「行政庁の処分」という概念が行政行為にほぼ対応している。行政行為は，リンゴ，ナシ，バナナなどの総称として「果物」があるように，命令，禁止，許可，免許，認可，承認など具体的処分の総称である。

行政行為のメルクマールとして次の点を挙げることができる。

① 行政行為は行政庁の行為である。国会や裁判所の機関の行為は原則として行政行為ではない。また，行政庁以外の補助機関（例えば各省庁の次官・課長・事務官など）による行為も，原則として行政行為ではない。

② 行政行為は規律を目的とする行為である。すなわち行政行為は直接の法的効果を生じる法行為であり，換言すれば，権利・義務を設定し，変更または消滅せしめる行為である（最判昭39・10・29民集18巻8号1809頁＝東京都ごみ焼却場設置事件）。これは行政行為の最も重要なメルクマールである。法的効果を生じない行政指導などは行政行為ではない。

③ 規律は一方的——権力的でなければならない。私法上の行為または事実上の行為のような非権力的行為は，行政行為ではない。

④ 規律は外部効果を有するものでなければならない。すなわち国民に対する規律でなければならない。行政内部における行政機関相互間の行為は行政行為ではない。

⑤ 行政行為は具体的事実についての規律である。外部効果を有

する規律には，一般的規律と具体的事実についての規律がある。一般的・抽象的な定めをする行政立法や条例などは行政行為ではない。

(2) **行政行為の機能**

行政行為には次のような機能がある。

① **法律の具体化機能（実体法的機能）** 行政行為は一般的・抽象的な法律を国民と行政との具体的な権利義務関係にまで凝縮する。行政行為は，処分，許可，禁止，認可，特許，取消し，撤回など具体的な形で示される。

② **公定力機能** 具体化機能は，行政行為が瑕疵ある場合にも有効であるということによって，強化される。行政行為は，違法である場合にも，権限ある行政機関または裁判所により取り消されない限り，何人もその効力を否定することができない。これを行政行為の公定力という。

③ **手続法的機能** 行政行為は適正な行政手続に従ってなされなければならない。適正な行政手続は，行政行為の公正性と透明性を保障する。

④ **訴訟法的機能** 行政行為は抗告訴訟による権利保護の可能性を開く。行政行為は，行政実体法と行政訴訟法との交差する点にあり，とくに行政訴訟の類型を決定する機能を有する。

(3) **行政行為の分類**

行政行為はいろいろの視点から分類することができる。

(a) **通説の分類・説明**

通説は，行政行為を，その内容により，次のように分類している。

行政行為 ─┬─ 法律行為的行政行為 ─┬─ 命令行為 ─ 下命, 免除, 許可, 禁止
　　　　　│　　　　　　　　　　　└─ 形成行為 ─ 特許(剝権), 認可, 代理
　　　　　└─ 準法律行為的行政行為 ─ 確認, 公証, 通知, 受理

法律行為的行政行為とは，民法の法律行為のように，その内容が意思表示を要素とし，法律効果の発生が行政庁の意思に基づいて定められる行為をいう。これに対し，準法律行為的行政行為とは，民法の準法律行為のように，判断・認識・観念など意思表示以外の精神作用を要素とし，行政庁の意思とは関係なく，法の規定によって一定の法的効果が付与される行為をいう。

第4章　行政はどんな形で活動するか(1)

法律行為的行政行為は、さらに、命令行為と形成行為とに分けられる。

命令行為は、下命・禁止、許可・免除に分類され、形成行為は、特許（および剥権行為）、認可、代理に分類される。

① 下命・禁止　国民に対し作為（〜せよ）、不作為（〜するな）、給付（〜を与えよ）または受忍（〜を我慢せよ）を命ずる行為を下命といい、そのうち不作為を命ずる行為を特に禁止という。違法建築物の除却命令、ばい煙発生施設の構造等に関する改善命令、強制検診などが下命の具体例であり、道路の通行禁止、銃砲または刀剣類の所持の禁止、営業の停止処分、指定暴力団員に対する中止命令などが禁止の具体例である。

② 許可　許可とは、一般的禁止（不作為義務）を特定の場合に解除し、適法に一定の行為を行わしめる行為である。許可は、単にその行為をなす事実上の自由を回復するに止まり、その行為をなす法律上の権利または能力を設定するものではない。したがって許可を要する行為を許可を受けないでしたときは、その行為の法律上の効力が当然に否定されるわけではなく、強制執行または処罰の対象となる。自動車の運転免許、医師免許、風俗営業の許可、建築確認などが許可の具体例である。

③ 免除　免除とは、既に課せられている作為、給付または受忍の義務を特定の場合に解除する行為をいう。租税の免除、就学義務の免除などがこれに当たる。

④ 特許　特許は、特定人のために新たに権利・権利能力または法律関係を設定する行為である。したがって、その違反は単に行為を違法とするに止まらず、その法律上の行為としての効力に影響が及ぶ。特許を受けないでした行為は原則として無効である。なお、設定された権利、権利能力、法律関係などを消滅させる行為を剥権行為という。鉱業権設定の許可、道路占用の許可、公益法人の設立の認可、ガス事業の許可、電気事業の認可、公務員の任命などが特許の具体例である。

⑤ 認可　認可は、第三者の法律上の行為を補充してその法律上の効力を完成せしめる行為である。認可は効力要件であり、認可を

受けないでした行為は原則として無効である。農地転用の許可，公共料金の認可，河川の流水占用権の譲渡の承認などが認可の具体例である。

⑥ 代　理　第三者がなすべき行為を行政機関が代わってした場合に，第三者が自らしたのと同じ効果を生じさせる行為をいう。知事による市町村の境界変更，内閣による日本銀行の総裁の任命などが代理に当たる。

準法律行為的行政行為は，確認，公証，通知，受理に分類される。

① 確　認　確認は，特定の事実または法律関係の存否を確認する行為をいう。例えば，当選人の決定，市町村の境界の裁定，河川の区域の認定，発明の特許などである。発明の特許は最先の発明であることの確認であるが，建築確認は許可に当たる。

② 公　証　公証は，特定の事実や法律関係の存否を公に証明することをいう。例えば，選挙人名簿への登録，各種証明書，鑑札などの交付などである。

③ 通　知　特定人または不特定の多数人に対して，一定の事項を知らせる行為をいう。納税の督促や特許出願の公告などである。

④ 受　理　受理とは，申請などの申出を受け付ける行為をいう。各種の申請書，届出書，不服申立書の受け付けがこれに当たる。

以上，学問上の概念と法令上の用語とは必ずしも一致しないことに注意を要する。法令上の用語は，学問的なものではなく，語呂などを適当に考慮して選択されたものである。八百屋がキャベツにレタスの名札を貼り付けても，キャベツがレタスになるわけではない。

(c) **通説の問題点**

①　通説の分類は民法学の法律行為論を前提にしている。しかし行政法学においては，民法理論に依拠し，法律行為・準法律行為という観念を持ち込む必要性はない。とくに準法律行為的行政行為としての確認，公証，通知，受理には，行政行為としての機能（処分性）がなく，それぞれの法的効果も様々であるから，これを1つの行為形式として類型化しなければならない理由はない。

② 許可について　通説は，許可は禁止の反対行為であるという意味で命令行為に属するものとした。しかし，例えば自動車の運転免

許には，「運転をしない自由」(ペーパードライバー) も含まれるのであり，機能的には，法的地位ないし資格の設定と見て，形成行為に含めるのが素直な考え方といえよう。許可が一般的禁止を前提とするという理解は立憲君主制的理論であって，許可は，例えば集会・結社の自由，表現の自由，営業の自由，建築の自由，交通の自由など憲法で保障されている「自由」を前提とするもので，一定の行為が法律の規制に違反しないかどうかについての事前の予防的コントロールであると解すべきであろう。

(c) 行政行為の分類＝本書の立場

① **命令的行政行為・形成的行政行為・確認的行政行為** ）　行政行為は，その規律の内容により，命令的行政行為，形成的行政行為および確認的行政行為に分類することができる。行政行為の最も重要なメルクマールは「規律」であり，したがって行政行為の分類も規律の基本的内容に従って行われる。

② **授益的行政行為・侵害的行政行為** ）　行政行為は，相手方国民に対する法的効果により，授益的行政行為 (利益を与える処分) と侵害的行政行為 (不利益を与える処分) とに区別される。

③ **第三者効を有する行政行為（複効的行政行為）** ）　第三者効を有する行政行為とは行政行為の名宛人のみならず第三者に対しても法的効果が生じる行政行為である。侵害的第三者効を有する授益的行政行為 (相手方に利益を与えるが，第三者に不利益を与える処分) が問題となる。例えば，隣人の法律上の利益を侵害する建築許可，周辺住民の生命・健康などを侵害するおそれのある原子炉の設置許可，乗合バス運賃変更認可などである。

④ **羈束行為・裁量行為・行政政策** ）　行政行為は，法の拘束の程度により，羈束行為と裁量行為に分けられる。行政が法律から離れて自由に活動する場合は，行政裁量ではなく，行政政策というのが適切であろう。

(4) **行政行為の効力**

行政行為の効力として，公定力，不可争力，不可変更力および執行力がある。

Ⅱ　行政行為

(a) **行政行為の有効性の原則**

憲法では違憲の国家行為は無効であり，民法では違法な法律行為は原則として無効であるという原則が支配する。これに対して行政法では，違法な行政行為は原則として有効であるという原則が妥当する。行政行為は相手方に告知され，または相手方に到達したとき，すなわち相手方が現実にこれを了知しうべき状態におかれたときに，行政行為の効力が生じる（最判昭29・8・24刑集8巻8号1372頁）。

(b) **行政行為の公定力**

行政行為は違法であっても一応有効である。適法性と有効性を分離することによって，法律の優位の原則が破られている点に行政法の特色がある。当然ながら，この有効性は法治国家においては常に暫定的な有効性，すなわち法的瑕疵（＝違法または不当）を理由に権限ある機関により取り消されるまでの暫定的な有効性を意味するものでなければならない。すなわち，行政行為は，それが無効でない限り，法的瑕疵があるにもかかわらず，行政庁または裁判所により取り消されるまでは，原則として有効である（最判昭30・12・26民集9巻14号2070頁，最判昭63・10・28刑集42巻8号1239頁）。これを行政行為の公定力という。

なぜ行政行為の公定力を認めなければならないか。

通説は行政行為の公定力の根拠を取消訴訟の排他的管轄に求めている。公定力は，行政行為に内在する効力ではなく，行政行為については民事訴訟や当事者訴訟によりその効力を否定することができず，それができるのは取消訴訟だけであることを定めた行政訴訟制度にその実定法的根拠があり，これによって是認されていると見る。しかし，取消訴訟は行政行為の効力の否定を目的とする訴訟であり，行政行為が実体法上有効である場合にのみ意義がある。したがって公定力は取消訴訟の排他的管轄の結果ではなく取消訴訟の前提でなければならない。また公定力理論は，「取り消し得べき行政行為」を裏の側面から説明しているにすぎないと見ることもできる。結局，公定力の実質的根拠は，これを認めなければ大変なことになるという考え方，すなわち行政法関係の安定性の維持にあると見るほかないといえよう。

(c) **行政行為の不可争力**

行政行為に不服がある場合には，原則として一定の不服申立期間ま

たは出訴期間内に不服申立てまたは取消訴訟を提起しなければならず，この期間を経過すると，不当または違法な行政行為であっても，もはやその効力を争うことができなくなる。このように国民側が行政行為の効力を争うことができなくなる効力を不可争力という。行政行為に不可争力が生じた場合，行政行為の暫定的有効性は強化され，最終的な有効性となる。

(d) 行政行為の不可変更力

不可変更力は，多数人の参加のもとに慎重な手続を経て行われた行為を簡単に変更または取り消すことを許さない効力である。したがって，通常の行政行為には不可変更力はない。行政庁は何時でも自ら行政行為を取り消すことができる。ただ例外として，不可変更力は，準司法的な手続を経て行われる争訟裁断行為と利害関係人の参加の下に行われる確認行為に認められるにすぎない。

(e) 行政行為の執行力

執行力とは，行政行為によって命ぜられた義務を国民が履行しない場合に，行政庁が，行政行為の内容を自力で実現できる効力をいう。伝統的な理論では，有効な行政行為は当然執行可能であり，執行力は行政行為の本質に属すると考えられた。しかし現在の通説は，行政行為の執行力には明示の法律上の授権が必要であるとする。

(5) 行政行為の瑕疵

行政行為は，法令に適合しかつ公益に合致するものでなければならない。法令に適合せず公益に合致しない行政行為は，瑕疵ある行政行為である。瑕疵とは違法または不当をいう。違法とは行政行為が法令および法の一般原則に違反した場合をいい，不当とは行政行為が法令に違反していないが単に公益に違反する場合，すなわち裁量の限界内であるが最善の行為を行わなかった場合である。瑕疵の効果は，通常，行政行為の無効と行政行為の取消しになる。

(a) 行政行為の無効

① **無効の意義**　行政行為の無効とは，瑕疵の結果，行政行為としての効力が初めから全然発生しない場合をいう。通説によれば，無効の行政行為は，全く拘束力をもたず，相手方たる私人は独自の判断と責任においてこれを無効として無視することができる。

通説のいうことは本当だろうか。私人の無効認定に行政機関が拘束されるということはありえない。私人が無効の行政行為を無視することができるなら、無効の行政行為について「無効等確認の訴え」という救済手段を認めることは無意味である。「独自の判断と責任」においてなら、行政行為のみならず、法律や憲法の無効さえ断定できよう。行政行為が無効であるか否かの問題と何人の判断が拘束力をもって通用するかという問題は、全く別個の問題であることに注意しなければならない。

② **無効と取消の区別の基準＝重大かつ明白説** 具体的場合に、いかなる違法が行政行為を無効とし、いかなる違法が行政行為を単に取消しうるものにするかを判断することは重要な問題である。無効・取消しの区別の判断基準について、学説は、大別して、重大説と重大かつ明白説とに分けられる。重大かつ明白説が通説・判例の立場である。それによれば、行政行為に重大な違法があり、それが明白であるときに、行政行為は無効である。重大な違法とは法令または法の一般原則に著しく違反していることである。さらに重大な違法は「明白」でなければならない。明白性については、いろいろの解釈の余地があり、行政行為の無効論に関する議論はこの点に集中しているということができる。

明白性の意味について、通説・判例は客観的明白説に立っている。客観的明白説によれば、行政行為の瑕疵が客観的に明白であるということは、何人の判断によっても、ほぼ同一の結論に到達し得る程度に明らかであること、一般的な平均人の正常な判断によって直ちに明らかであることである（最判昭37・7・5民集16巻7号1437頁）。したがって、行政行為の無効とは、処分行政庁だけが行政行為を有効と考えている場合であることになろう。ついでに一言すれば、このような無効の行政行為を強行する公務員については、法治国家における公務員の行動基準に反するものとして、懲戒処分または氏名の公表など何らかの法的サンクションが課せられるべきであろう。

通説が重大かつ明白という2つの要件を要求するのは、一方における相手方の権利保護の要請と他方における行政目的の早期達成・法的安定性の維持、第三者の信頼保護の要請との調整を図るという視点か

ら、無効・取消を判定するための基準を求めているからである。したがって両者の調整が必要でない絶対的な無効原因がある場合には明白性の要件は必要ないことになろう。

　結局、「重大かつ明白性」は一応の一般的基準であって、具体的な場合にはそれを機械的に適用するのではなく、具体的な諸利益諸事情を衡量し、それぞれのケースに応じて、行政行為の無効を個別的に判断しなければならないということになる。

　③　**具体的な無効原因**　「重大かつ明白な違法」といっても、それは抽象的であり一般的基準である。そこで以下に、行政行為が無効となる具体例を挙げておくことにしよう。

　i　機関の瑕疵　行政機関が正当に組織されていない場合（例えば、適法な招集を欠き、定足数を有せず、欠格者を参加せしめた場合など）、法律上必要な他の機関の行為が欠缺（けんけつ）している場合（例えば、農林水産大臣との協議を欠く国土交通大臣の都市計画の決定）、無権限の場合（例えば、収入役のした租税滞納処分、裁決権のない機関がした裁決、管轄区域外についての営業免許など）、機関の意思の瑕疵の場合（例えば、心神喪失中の行為または抵抗することのできない程度の脅迫に基づく行為の場合など）などは無効である。行政行為が詐欺・脅迫・賄賂その他の不正手段に基づいて行われたときは、行為は当然に無効とならず、取り消しうるに止まる。

　ii　手続の瑕疵　その手続が、利害関係人の権利または利益を保護するために定められている場合には、その手続を欠く行為は、原則として、無効。その手続が、単に行政の合理的運営のための参考に供するなど行政上の便宜のために認められたものにすぎない場合には、無効と解する必要はない。例えば、選挙人名簿の縦覧、特許の出願公告、土地収用における事業認定の公告などの公告を欠く行為や土地収用の協議、滞納処分として差押えをする場合の立会いなど利害関係人の協議または立会いを欠く行為および公開の聴聞または弁明の機会の供与の手続を欠く行為などは無効。これに反し、各種の審議会・調査機関に対する諮問は、これを欠く場合においても、行政行為の効力には直接の影響はない。

　iii　形式の瑕疵　書面によることが要求されている場合に書面によらない行為、例えば、口頭の納税の督促、文書によらない争訟の裁

決もしくは決定，行政庁の署名捺印を欠く行為，理由の記載を必要とする場合にこれを欠く行為，法律上必要な証書の交付を必要とする場合これを欠く行為，例えば，免許証の交付を欠く自動車運転免許などは，無効。

iv 内容の瑕疵　内容の不確定（例えば，買収すべき土地の範囲を明確にしない農地買収処分）は内容の不明確として無効。また内容の不能としては事実上の不能と法律上の不能があり，いずれも無効。事実上の不能としては，例えば，死者に医師免許を与え，すでに解散した法人に納税を命じ，存在しない土地に対して収用の裁決をなし，すでに退職した公務員を懲戒免職に処し，法の認めない官職に任命し，法の定める以外の種類の漁業権を免許するなどがある。法律上の不能としては，例えば，禁治産者または準禁治産者を公務員に任命し，相続人でない者に相続税を賦課し，租税完納者に対して滞納処分を行い，私有水面に対して漁業免許をなし，犯罪をなす義務を命じ，公序良俗に反する行為を命じ，懲戒として罰金を課す行為などがある。

(b) **行政行為の取消し**

① **意義＝取消し・撤回の区別**　通常，次の3種のものについて「取消し」という表現が用いられている。i 無効の行政行為につき，その無効を認定し宣告する行為，ii 有効に成立した行政行為につき，その成立に瑕疵があることを理由に，その効果を失わせる行為，または iii 有効かつ適法に成立した行政行為につき，その後の事情により，その効果を将来に向かって失わしめる行為。以上のうち，ii が本来の意味の取消しであり，iii が撤回である。

取消しおよび撤回の対象は有効な行政行為である。無効の行政行為については，無効の確認で十分で，法的効果の除去を目的とする取消しおよび撤回は必要がない。取消しは違法な行政行為を対象にするのに対し，撤回は適法な行政行為を対象にする。行政行為が違法か適法かの問題は，その成立の時点での事実および法状態を基準にして決定されるというのが，従来の通説であった。しかし職権取消しまたは撤回における行政行為の適法・違法の判断は，裁判所による取消しの場合と違って，取消し・撤回の時点における事実および法状態を基準とすべきであろう。

取消しおよび撤回そのものも行政行為であるから、その成立、形式および内容は行政行為に関する一般的原則に従う。

② 争訟による取消し・職権による取消し　行政行為の取消しは、国民の側からの請求により、あるいは行政庁の職権によって行われる。取消しが国民側の請求によって行われるのは、行政行為について不服申立てまたは訴訟が認められている場合で、この場合の取消しを争訟取消しという。行政庁は行政行為を職権をもって自発的に取消す権限を有する。この場合の取消しを職権取消しという。

職権による取消しは、不可争力を生じた行政行為についても、行うことができる　行政庁は一度行った決定を自ら審査し、場合によっては現実の社会的事情の変化に対応するための法的手段を必要とする。職権による取消しの主たる意義は、行政行為に不可争力が生じた後であっても、新たな実体的決定をなす可能性があるという点にある。

処分庁の監督行政庁が職権取消しの権限を有するかどうかについては説が岐かれている。通説は、処分庁および監督行政庁は、明文の規定がない場合でも、当然に職権をもって行政行為を取消すことができると解している。これに対して、その旨の明文の規定がない限り、上級行政庁は、監督権の行使として当然には取消権を有せず、処分行政庁に対し取消しを命ずることができるにすぎないという有力な反対説が対立している。

③ 取消権の制限　行政行為の取消しを行うかどうか、全部を取消すか一部を取消すかは、行政庁の裁量である。法律による行政の原理は、原則として、一切の違法な行政行為の取消しを要求する。しかしこの原則は、取消しをめぐる利益状況により、一定の制限を受ける。

ⅰ　侵害的行政行為の取消しの場合には、行政庁は、一般的な裁量権についての制約のほか、特別の制限をうけない。

ⅱ　授益的行政行為の場合には、受益者の利益の保護という視点から、特別の制限がある。授益者が行政行為の存続を信頼し、この信頼が公益との比較衡量において保護に値する限り、取消すことは許されない。具体的には、取消しによって国民の既得の権利や利益を侵害する場合には、その取消しは公益上の必要がある場合およびその目的に必要な限度においてのみ許され、それを超える取消しは違法となる

（最判昭 33·9·9 民集 12 巻 13 号 1949 頁）。要するに，授益的行政行為の取消しは，違法な行政行為は取消すべきであるという法律適合性の原則と授益的な行政行為の存続を求める信頼保護の原則とが衝突する場である。そのような衝突は，いかなる法益を優先させるべきかという個別的・具体的な比較衡量によって，解決されなければならない（最判昭 43·11·7 民集 22 巻 12 号 2421 頁）。

信頼保護は 2 つの形式で与えられる。

i 存続保護 行政行為の存続によって信頼が保護される。存続保護が与えられるときは，行政行為の取消しは許されない。国民は与えられた授益を享受できる。例えば，違法な建築許可に基づいて建築した家屋は除去しなくてよいことになる。

ii 財産的保護 これは国民が要求する信頼保護を財産的な結果に置き代えることである。すなわち違法な行政行為は取り消されるが，行政は国民に対し信頼から生じた財産的損失を補償しなければならない。例えば，違法な建築許可は取り消され，家屋を取り壊さなくてはならないが，行政は財産的損失を補償することになる。

したがって，理論的には，行政行為の取消しができるか取消しができないかという二者択一の代りに，取消し，補償を伴う取消し，取消制限という 3 つの可能性があることになる。しかし実際に判例において，このような類型が認められているわけではない。個々の領域では判例の蓄積は少なく，なお発展の余地を残している。

④ **取消しの効果** 取消しの効果は，原則として，行政行為の成立の時点まで遡り，行政行為は始めから効力がなかったものとなる。ただし例外として，継続的効果を有する授益的行政行為が，その基礎となった事実および法状態の変動により，事後的に行政行為を維持することが違法となって取り消す場合は，取消しの時点から効力がなくなる。

(c) **行政行為の撤回**

① **撤回自由の原則** 通説・判例は，法律の規定がない場合でも，撤回は自由であると解する。通説の根拠は，行政行為の権限を授与する法は同時にその撤回の権限も授与している，あるいは行政行為は公益に適合することを要し，その存続が公益に適合しなくなれば当然に

撤回できるという点に求められている。これに対して、行政庁は独自の公益判断だけを根拠にして行政行為を撤回する権限はないとし、撤回についての授権規定が必要であるとする見解が対立している。

撤回は、行政行為の成立の後に生じた新たな事情に基づいて、なされるものであるから、撤回権を有する者は、処分庁だけであって、監督行政庁は撤回権を有しない。

② **撤回の許容性**）行政行為の撤回は、次の場合に、許される。

ⅰ 撤回権が留保されているときに許される、ⅱ 侵害的行政行為の撤回は行政庁の裁量である、ⅲ 授益的行政行為の撤回は、相手方の利益の保護という視点から、公益のためやむを得ない場合およびその目的に必要な限度においてのみ、許される。この場合、比較衡量の原則が働く、ⅳ 以上のほか、通説は、義務違反など相手方の責に帰すべき事由がある場合、相手方の同意がある場合には、撤回が許されるという。

③ **財産的損失の補償**）関係人が、授益的行政行為の撤回により被った財産的損失は、その存続の信頼が保護に値するものである限り、補償しなければならない。しかし補償の要否の問題を撤回の許容性の問題に移行させてはならない。補償さえすれば、撤回が自由になるわけではない。財産的損失が生じていない場合は、もちろん補償の必要はない（最判昭49・2・5民集28巻1号1頁＝築地卸売市場使用許可撤回事件）。

④ **撤回の効果**）撤回の効果は、取消しの場合と異なり、遡及することなく、将来に向かってのみ生ずる。撤回の付随的効果として、原状回復・改修などの命令もありうる。

(d) **行政行為における瑕疵の治癒**

① **意　義**）瑕疵の治癒とは、行政行為がなされたときに欠けていた適法要件が事後に追完され、その結果、瑕疵が治癒され、行政行為の効力が維持されることをいう。行政行為は、管轄規定、手続規定または形式規定に違反してなされた場合にも、違法である。このような形式的違法を理由に行政行為を実体的に違法とする必要がない場合がある。行政行為は、その成立に瑕疵があるにもかかわらず、結果として実体法と一致することがあるからである。また関係人に重大な損失を与えることのない手続的瑕疵について、それだけで行政行為を取

り消さなければならないとすれば，それは極端な形式主義ないし不経済ということになろう。そこで通説・判例は追完による治癒を広く認める傾向にある。しかし法律による行政の原理からすれば，行政行為の形式的要件の過小評価は問題である。治癒は，事項的・時間的に厳格に限定されなければならない。

② **手続および形式の瑕疵の治癒**　行政庁が，明白に手続的・形式的瑕疵に基づく行政行為をしたときは，内容的瑕疵も推定され，相手方は，行政行為が内容的に適法であることを容易に納得できない。したがって，瑕疵の治癒の要件は厳格に解釈されなければならない。次のことが必要である。

　ⅰ　行政行為がなされたこと。ⅱ　一定の形式的要件，すなわち手続，形式または地域的管轄に関する規定が無視されたこと。ただし，法律が事前の聴聞および理由の提示を強制している場合は，治癒は認められない。ⅲ　無効の行政行為について治癒は認められない。ⅳ　以上の形式的要件が不服申立ての終結時または行政訴訟の提起までに追完されなければならない。ⅴ　追完により，違法性が治癒され，行政行為は処分時において適法なものとなる。

③ **軽微な瑕疵**　手続的・形式的瑕疵が軽微で，取消しに値するほどの瑕疵でない場合は，行政行為の取消しは認められない。疑いもなく正しい決定は，このような軽微な瑕疵だけの理由で，取消されるべきではない。この場合，瑕疵が治癒されるのではなく，行政行為は違法性を付着したまま存続する。

④ **内容の瑕疵の治癒**　通説・判例は，内容の瑕疵についても，瑕疵の治癒（処分の事後的適法化）を認める傾向にある。しかし行政行為の内容の違法性については，瑕疵の治癒は認められない。行政行為の違法性の判断は，処分時の事実状態および法状態を基礎とする。事後の事実状態および法状態の変化は，原則として，適法な行政行為を違法にしないし，違法な行政行為を適法にしない。例外は，遡及効のある法律が制定され，一定の行政行為を無効とし，または完全に適法とした場合である。これは瑕疵の治癒の問題ではない。

(e) **違法の行政行為の転換**

① **意　義**　違法の行政行為の転換とは，ある違法の行政行為を

別の適法な行政行為に転換することである。転換は一種の治癒といえる。違法の行政行為の転換は、法律による行政の原理に反するおそれがあるので、これを無制約に許すことはできない。

　② 転換が許される場合 　従来、通説は、違法な行政行為と転換される行政行為との間に行政行為の同一性がある場合に転換が認められるとしてきた。例えば、死者に対する鉱業許可を相続人に対する許可と考える場合である。「行政行為の同一性」という基準は抽象的であるので、次のように書き換える必要がある。

　ⅰ 違法な行政行為が存在していなければならない。取消し得べき行政行為でも無効の行政行為でもよい。ⅱ 転換される行政行為が同一の目的を有すること。ⅲ 転換される行政行為は、その実質的適法要件を具備し、同様の手続と形式で発布できること。ⅳ 行政庁の意図に反しないこと。ⅴ 相手方に不利益な法的効果をもたらさないこと。ⅵ 行政行為の取消しが許されない場合は、転換も許されない。ⅶ 羈束行為を裁量決定に転換することはできない。ⅷ 相手方は事前に聴聞を受けなければならない。

　転換を行うことができるのは、行政庁または裁判所である。

(6) 行政行為の附款
(a) 意　義
　行政行為の附款とは、行政行為の主たる内容を補完する付帯的定めをいう。すなわち、行政行為に附加され、それに従属する規律である。行政実務においては、しばしば、行政行為の内容が附款＝付随的規律によって補完され、あるいは制限される。附款の主たる機能は、行政の弾力的な対応を可能にし、また国民の要望を受け入れることが期待できる点にある。例えば、申請に対する無制約の許可に問題がある場合に、申請の拒否処分をせずに、条件・期限・負担付きなどの一定の留保をもって許可がなされる。しかし附款は規律強化の道具となる危険もあることに注意しなければならない。

(b) 附款の種類
　附款の種類としては条件、期限、負担、撤回権の留保がある。附款を示す法令用語として、「条件」という語が用いられることが多い。

　① 条　件 　行政行為の効力の発生・消滅を発生不確実な将来の

事実にかからしめる附款をいう。停止条件（例えば、道路舗装工事の完成を条件としてバス事業を免許する、会社の成立を条件として発起人に放送局の免許をする、など）と解除条件（例えば、一定の期間内に工事に着手しなければ失効することを条件に原子炉の設置許可をする）がある。行政行為に条件を付けるのは比較的稀であり、条件という場合は大体負担に当たることが多い。

② **期　限**　　行政行為の効果を将来到達することが確実な事実にかからしめる附款をいう。法効果がそれをもって始まる場合が始期、終わる場合が終期である。日限を定めて○月○日から○月○日まで道路の占用を許可する、というのが期限である。

③ **負　担**　　負担は最も重要な附款である。負担の本質は、授益に付随して、作為・不作為・給付または受忍を命ずる旨の定め（負担）が附加される点にある。授益的行政行為についてのみ可能である。例えば、営業許可にあたり騒音防止の義務を命じ、道路占用許可にあたり歩行者に対する注意義務を課す、というのが負担である。

④ **撤回権の留保**　　行政行為をするにあたって特定の場合に撤回できる旨の留保をする附款をいう。取消権の留保ともいう。

(c) **負担の適法性と負担に対する権利保護**

附款を付することができるのは、法律が附款を付することを定めている場合、あるいは行政行為の内容について行政庁に裁量権が認められている場合である。附款は、本体たる行政行為の目的に反するものであってはならず、比例原則に適合するものでなければならない（東京地判昭42・5・10下刑集9巻5号638頁）。

行政行為の申請者が附款付きの行政行為を与えられた場合、附款を違法とし、附款だけについて取消訴訟を提起できるか。例えば、集団デモ行進の許可処分を維持し、進路変更をすべしという負担だけを除去したい場合である。そのためには、附款を本体から分離することが可能でなければならない。通常、行政行為と負担とは分離が可能であるが、期限、条件および撤回権の留保の場合は分離を認める余地は少ない。ただ、本体たる行政行為が違法である場合には行政行為と附款は分離できない。この場合、附款だけの取消は実体法上許されず、これを求める取消訴訟は理由なしとして棄却される。附款の部分の違法

性が残りの本体たる行政行為に影響を及ぼさないときは，附款のみの取消訴訟が可能である。違法の部分（附款）が重要な要素をなしており，附款なしには行政行為をしなかったであろうと思われる場合は，行政行為は全体として違法となるというのが通説である。したがって，この場合には，附款だけの取消訴訟は許されない。

第5章　行政はどんな形で活動するか(2)

Ⅰ　行政立法
(1)　行政立法の概念

行政立法とは，行政機関が一般的・抽象的な規律（ルール）を定めることをいう。行政立法は，普通，法規命令と行政規則とに区別される。行政規則は厳密な意味で「立法」でないとして行政立法から除外する学説もあるが，本書では，一定の行政規則には直接の外部的効力を承認する立場から，両者を「行政立法」のもとに考察する。

(2)　法　規　命　令
(a)　概念・種類

法規命令とは，行政機関により制定される行政と国民との権利義務に関する一般的規律である。すなわち，執行部による法規の制定をいう。したがって厳格な意味で三権分立の原則に反するが，憲法上も，法律を実施するために不可欠なものとして，法規命令を予定している。法規命令は，行政の責務を遂行し，行政と国民との権利義務を規律するための重要な手段である。法規命令は，「〇〇法施行令」として法律に附属している。

通説は，法規命令を「法律による行政の原理」の例外であると位置づける。しかし，法規命令は「法律による行政の原理」の中に織り込み済で，「法律に基づき」という表現がそれを示している（本書16頁の定義を見よ）。法規命令は，法律の留保に関する本質性理論の「議会の留保」という観念によって，初めて「法律による行政の原理」から排除されたということができる。

国の法規命令としては，政令，内閣府令・省令，外局規則があるほか，会計検査院規則，人事院規則など独立機関の規則がある。また地方公共団体の法規命令としては規則がある。

法規命令は，法律との関係から，執行命令と委任命令とに区別される。執行命令は，国民の権利義務の内容でなく，権利義務を実現する上で必要な手続的事項を定める。例えば，許認可の申請に関する手続,

届出等の様式・記載事項などを定める。これに対し委任命令は，法律の委任により，行政機関が国民の権利義務の内容を定めるものである。例えば，国家公務員法の委任による人事院規則，各種公害法規による排出基準などである。ただ実際上，委任命令と執行命令との区別は，それほど明確なものでない。

(b) **法 的 根 拠**

執行命令は，国民の権利義務の内容を定めるものでないから，法律の根拠は必要ない。法規命令は，国民の権利義務の内容そのものを定めるので，当然法律の根拠を必要とする。

(c) **委任の限界**

法規命令の根拠としての授権法は，授権の法律が存在するというだけでは十分ではなく，授権の内容，目的および程度が明確に規定されているものでなければならない。国民が，授権法律そのものから，いかなる場合に，いかなる傾向をもって授権がなされ，かつ，授権に基づいて発せられる命令が，いかなる内容を有すべきものかを，十分明らかに予測できるものでなければならない。このような要請からすれば，国家公務員の政治行為の制限に関する人事院規則への白紙的な委任を定める国家公務員法162条1項の規定は，違憲というべきであろう。また最高裁は，学校教育法21条1項等の規定が教科書検定の法的根拠であるとするが（最判平5・3・16民集47巻5号343頁＝家永教科書訴訟），この規定は授権法律についての法的要件を満たすということはできない。

① 法規命令は法律の規定に違反してはならない。したがって法律の委任の範囲を逸脱することも許されない。最高裁は，農地法施行令16条は法の委任の範囲を越えた無効のものである（最判昭46・1・20民集25巻1号1頁），14歳未満の者の在監者との接見禁止を定めた監獄法施行規則（法務省令）120条（平成3年削除）は監獄法50条の委任の範囲を越えた無効のものである（最判平3・7・9民集45巻6号1049頁）としている。

② 授権の範囲内における命令は実質的な立法に属するから，行政は，その範囲内で立法裁量が認められる。しかし裁量の限界を超える委任命令は違法で，違法な法規命令は無効である。最高裁は，銃砲刀

76

剣類所持等取締法 14 条 1 項はどのような刀剣類を登録すべきかについて立法裁量を認めたものであり，銃砲刀剣類登録規則は立法裁量をこえた無効のものということはできないとした（最判平 2·2·1 民集 44 巻 2 号 369 頁）。

法規命令に対する権利保護の制度は不十分である。行政事件訴訟法は，直接，法規命令を対象とする訴訟類型を規定していない。しかし法規命令に基づく行政行為に対する取消訴訟によって，行政行為が有効な法規命令に基づくものかどうかが審査され，附随的・間接的な規範統制が可能となる。

(3) 行 政 規 則

(a) 概念・法的性質

行政規則とは，行政組織の内部において上級行政機関または上司から下級行政機関または部下に対して行う抽象的・一般的規律である。行政規則の目的は行政の統一的一体的な行動を確保することにある。行政規則は法規としての性格をもたないから，上級行政機関は，法律の根拠がなくとも，一般的な指揮監督権に基づいて，行政規則を定めることができる。

行政規則は，通常，告示，訓令，通達，指令，方針，指針，基準，指導要綱，内部規定などの形式によって定められ，現実の行政はこれらの行政規則に依拠して運用されている。法律を執行する公務員にとっては，とりあえず，行政規則が行政活動の基準である。

(b) 種 類

行政規則はいろいろの視点から分類することができる。

① 組織的行政規則・行動指導的行政規則　組織的行政規則とは行政事務の内部的配分，組織，手続や物的設備の管理に関する定めなど組織の職務処理に関する行政規則であり，行動指導的行政規則とは行政決定を発見するための実質的内容を対象とする行政規則である。

② 裁量基準・解釈基準　行動指導的行政規則には，裁量行使について指導的機能を発揮する裁量基準と裁量以外の規範内容とくに不確定法概念の解釈・適用について公務員に指針を与える解釈基準がある。

③ 審査基準・処分基準　行政手続法は，行政処分の性質に応じ

て，審査基準と処分基準とを区別している。申請に対する処分の判断に必要な基準を審査基準といい，不利益処分の判断に必要な基準を処分基準という。審査基準・処分基準は，それぞれの機能により，解釈基準または裁量基準である。

(c) **訓令・通達の区別**

行政規則は，訓令または通達の形式をとり，外部に公示する必要があるときは，告示の形式を用いることが多い。訓令とは，上級行政機関が下級行政機関の権限行使について，これを指揮するために発する命令である。通達とは，上級行政機関が下級行政機関または特別の監督に服する私人（業界団体など）に対して，一定の事実，法令の解釈・執行の基準などを示達・命令する形式をいい，告示は，公の機関が公示を必要とする事項を公式に知らせる行為または行為の形式である。ただ訓令・通達を厳格に区別する必要はないといえよう。

(d) **行政規則の拘束力**

従来の通説・判例によれば，行政規則は内部的効力を有するにすぎず，法規の性質をもたず，国民や裁判所を法的に拘束しない（最判昭43・12・24民集22巻13号3147頁＝墓地埋葬通達事件）。法律の解釈は行政の独自に機能できる領域ではなく，裁判所が最終的な法律解釈権を有する。通説・判例は，行政規則の事実上の外部効果を無視し，行政組織の外部における行政規則の影響力の重要性を認めない。しかし最近の学説・判例は，裁量基準について外部法化を認める傾向にあるといえよう。

(e) **行政規則の拘束力の強度**

裁量基準のような行政規則に法的外部効果を承認する場合，行政規則の拘束力の強度が問題である。もちろん法律と同様な例外のない厳格な拘束力を承認することはできない。行政規則の拘束力は，客観的理由すなわち特別の事情がある場合には，例外的に，行政規則からの離脱を許し，また何時でも行政規則の一般的な変更も許すという意味で，相対的な柔軟な拘束力である。もちろん行政規則は，法律や法規命令に代替できるものではない。

Ⅱ 行政計画
(1) 行政計画の概念
　行政機関が策定する計画（プラニング・プラン）を行政計画という。行政計画の対象は行政のすべての分野に及ぶ。行政計画には，それぞれの行政分野における特殊性や複雑性が反映している。したがって，行政の全領域に共通する統一的な行政計画の概念を求めることは極めて困難であるが，普通，プラニングを念頭において，行政計画とは，行政機関が一定の行政目標を設定し，その目標を達成するための手段を総合的に提示する行為をいうと定義される。しかし，計画を示す単なる図面（プラン）だけを行政計画という場合もある。

(2) 行政計画の種類
　行政計画は，およそ500種類もあるといわれるが，いろいろの視点から，分類することができる。

　① 計画主体によって，全国計画，都道府県計画，市町村計画などが区別される。

　② 計画目的により，危険や災害の防止を目的とする秩序計画と積極的に社会形成を目的とする開発計画を区別することができる。

　③ 計画過程の段階により，目標計画，実施計画，処分計画などが区別される。

　④ 計画期間により，短期計画（1～2年），中期計画（3～7年），長期計画（7～15年）を区別できる。毎年度策定されるものを年度計画という。

　⑤ 計画の拘束力の程度により，拘束的計画と非拘束的計画に分類できる。前者は私人に対し法的拘束力をもつ計画である。法的拘束力は，土地区画整理事業計画などの場合のように，計画に付随する一般的抽象的なものであることが多い。後者は，命令などの権力手段をとらず，道路・港湾などの整備，租税優遇措置，資金交付などによって，人の行動に影響を及ぼす計画で，戦後の開発計画はこれに当たる。

　⑥ 計画の態様により，完結型計画と非完結型計画を区別できる。前者は，後続の行政措置を予定しない自己完結的な計画で，工業地域の指定のような土地利用計画がこれに当たる。後者は，一連の行政措置の積み重ねによって計画目標の達成を期する計画で，土地区画整理

事業計画がこれに当たる。

⑦　計画範囲を基準にして、総合計画と特定部門計画とに区別できる。総合計画は、一定の地域を対象にし、住宅地域、工業地域、交通、環境保護などのすべての空間関連的な要素を包括する計画であって、全国総合開発計画、都市計画などがこれに当たる。特定部門計画は、特定の専門事業部門のプロジェクトに関する計画で、道路整備5箇年計画、電源開発基本計画、廃棄物処理施設整備計画などがある。

(3) 法的形式と性質

行政計画は、多種多様であり、固有の法的形式をもたない。法律、命令、行政規則、行政行為として現れることができる。したがって、ある行政計画がどのような法的性質を有するかという問題は個別的に判断されなければならない。わが国では、法律が個別の行政計画について、その法的形式を指定することはなく、ほとんどが指針的性格を有するもので、行政規則として位置づけられる。

(4) 法 的 規 制

(a) 法律の根拠

拘束的計画は法律の根拠が必要である。非拘束的計画ないし指針的計画は、行政機関の行動の指針・基準またはガイドラインとなるにすぎず、直接、国民の権利義務に関するものでないから、法律の根拠は必要がない。しかし指針的計画であっても、将来の国土の在り方を全体として方向づける本質的な問題についての計画は、民主制原理に基づき、法律の根拠を要すると考えるべきであろう。

(b) 内容の規制

行政計画の内容の決定には、一般に広い裁量が認められており、これを計画裁量という。しかし広い裁量は無制限であることを意味しない。計画裁量も内容的な法的制限に服する。

一般的には、計画目標を考慮しなければならないし、具体的には、法律の計画基準に従わなければならない。また、計画によって影響を受ける公的利害と私的利害を適正に比較衡量し、他の行政計画との衝突を調整し、計画間の整合性を確保しなければならない。

(c) 手続の規制

行政計画の特質は、計画目標を展開し具体化する手続をどのように

構成するかという点にも現れる。重要な点は、計画の技術的な作成手続ではなく計画策定手続の法律的な側面にあり、関係行政機関、利害関係人、住民などを計画策定手続にどのように関与ないし参加させるかである。現行法上、次のような参加形態がある。

　ⅰ 関係行政機関や関係地方公共団体との協議、意見聴取、同意を要するもの、ⅱ 審議会の調査、審議を必要とするもの、ⅲ 閣議の決定を必要とするもの、ⅳ 議会の議決を必要とするもの、ⅴ 利害関係人の意見書の提出を認めるもの、ⅵ 公聴会の開催など住民参加を認めるもの、ⅶ 計画の公表を義務づけるもの。わが国では、ⅰが最も一般的で、ⅱも多用されているが、権利保護という視点からはⅴとⅵが最も重要である。

(5) 行政計画の変更・廃止

　計画は、継続的な安定性を期待できるものでなくてはならないが、同時に、社会的および経済的諸関係の変化に対応できる柔軟性をもたなければならない。「軽微な変更」の場合は新たな計画策定手続を省略して計画実現の促進を図っているが、計画の改廃については、計画策定と同様、行政の裁量に委ねられている。しかし、公共事業計画の凍結は、難事業であるとされ極めて硬直的である。

　行政計画に賛成し、協力的な行動・投資をしてきたからといって、そのような国民に対し、計画変更を阻止し、計画の存続・実施を求める権利を認めることはできない。もちろん計画変更や廃止によって受けた損失は補償すべきである。計画の改廃が、行政と協力的な国民との間の信頼関係を破る場合は、損害賠償が認められる（最判昭56・1・27民集35巻1号35頁＝沖縄県工場誘致政策変更事件）。

(6) 行政計画に対する権利保護

　一般的にいえば、行政計画に対する国民の権利保護のための法的チャンスは十分与えられていない。わが国の行政事件訴訟法は、行政処分＝取消訴訟中心主義をとっているため、個別の行政計画が取消訴訟の対象となる処分性を有するか否かが決定的である。最高裁は、土地区画整理事業計画決定について、事業計画は土地区画整理事業の「青写真」たる性質を有するにすぎないとして、行政計画の処分性を否定した（最判昭41・2・23民集20巻2号271頁＝高円寺青写眞訴訟）。これが

第5章　行政はどんな形で活動するか(2)

行政計画に関する指導的判決であったが、判例変更がなされ、処分性が認められた（最判平20・9・10民集62巻8号2029頁）。

Ⅲ　行政契約

(1) 行政契約の概念

　行政契約は、行政主体と私人間または行政主体相互間における意思表示の合致により、行政法上の具体的な法律関係の形成・変更・消滅を行う法行為である。行政契約は、意思表示の合致により行われ、契約の内容について一定の範囲で行政庁と対等の法的影響を与えることができる点で、行政行為とは異なる。また、相手方の同意を要件とする行政行為の場合は、同意は2次的なもので行政庁の一方的な決定が重要な要素になっており、国民は単に同意を拒否することができるにすぎない。

(2) 行政契約の種類

　公法契約としては次のものをあげることができる。

　① 行政上の事務に関する契約　例えば、市町村相互間における児童の教育事務の委託、地方公共団体相互間における境界線の道路や河川の管理費用の負担に関する協議など。これらは権限の委任ないし権限の移動に係わるものであるから、契約には法律上の根拠が必要である。

　② 公務員の任用行為　公務員の任用行為については、公法契約、相手方の同意を要件とする行政行為または特殊の労働契約と見る考え方が対立している。

　③ 報償契約　かつて、市町村とガス・電気事業者のような公共的・独占的企業との間に締結された契約で、市町村において一定の公法上の特典（道路などの占用を認め、占用料や固定資産税などの税を免除し、企業の独占権を保障するなど）を提供し、起業者側がその報償として一定の納付金を納めること（その他、料金や供給条件について市町村の監督に服することなど）を内容とするものであった。現在では、宅地開発の許可と開発協力金ないし負担金の納付契約をリンクさせる方式がある。

　④ 公害防止協定　公害防止協定は、地方自治体が法令の不備を補完するため、公害防止措置について事業者と締結する協定である。

公害防止協定の法的性質については，紳士協定ないし行政指導とする考え方もあるが，両当事者間の法律関係についての取り決めである限り，公法契約と解すべきであろう。行政行為の形式で行われる規律を契約による規律で代替できるか。通説は，規制行政において原則として契約による規律を認めない。しかし，法律に反しない限り，許されるというべきであろう。

　私法契約としては次のものをあげることができる。

　① **行政手段の調達のための契約**）　例えば，物品納入，公共事業の請負契約＝政府契約，公共用地の取得のための契約，庁舎管理などの事務委託，一般廃棄物処理業務の委託などである。政府契約とくに公共事業の請負契約は，巨大な利益を与える可能性が高いので，契約の公正性，透明性を確保する必要がある。競争入札の原則，契約担当官の設置等の規制があるが，業者の談合による競争入札の妨害には厳しく対処すべきことが要請される。

　② **財産管理のための契約**）　国や地方公共団体の普通財産の貸付契約や売買契約がこれに当たる。

　③ **行政サービス提供に係る契約**）　公共施設（公営住宅，公営体育館，公民館など），公共事業（例えば，上水道・バス事業など）の利用契約や補助金等の交付契約がその例である。ただし公共施設の利用承認や補助金の交付決定は法律上行政処分の形式をとっていることがある。

(3) 公法契約と私法契約

　伝統的学説は公法契約と私法契約とを区分してきた。公法契約は特殊な行政上の権利義務の発生を目的とし，私法契約は私法効果の発生を目的とする契約である。公法・私法の区別についての学説の対立に応じて，公法契約・私法契約の区別も明確でない。しかし，両者の法的取扱は次の点で異なるとされてきた。1つは公法契約の実体法上の特質であって，公法契約については私法上の契約解除の規定は適用されず，行政主体からの契約解除の事由は公益の必要ある場合に限定され，私人はそれに対し一定範囲内で損失補償請求権が認められること，および，私人の側からは一方的に契約関係を解消することは原則として認められないことである。しかし，このような公法契約は契約たる実を伴わないといえよう。もう1つは公法契約の手続法的特質であっ

て，公法契約について法的紛争が生じた場合には，その訴訟形態は行政事件訴訟法にいう「公法上の法律関係に関する訴訟」としての当事者訴訟によることがあげられる。

最近の学説は，国や地方公共団体などの行政主体が締結する契約を総括して行政契約と称し，公法・私法の区別にとらわれず，そこでの法的問題を直截的に考察すべきであるという。

(4) 法律の根拠

契約という行為形式が可能かどうかは法律の優位の原則の問題であり，行政は法律の規定または一般的法原則に反しない場合にのみ契約形式が可能であると解される。公法上の契約に法律の根拠が必要かどうかは法律の留保の原則の問題である。この点について，通説は法令に違反しない限り法律の根拠は必要ないとしているが，契約の締結および契約の内容の形成についても法律の根拠が必要であるというべきであろう。法律の根拠がある場合に，行政は，その裁量により，行政行為に代わって公法契約を選択することができるのである。この場合，裁量権の行使について裁量権の踰越・濫用の法理が働く。

(5) 位 置 づ け

一般論として，現代行政における給付行政の範囲が拡大することによって，契約形式による行政活動が著しく増大するということができる。契約形式による行政活動には弾力的に行政目的を達成することができるというメリットがある。しかし実際には，公法契約という行為形式は給付行政の分野でもあまり多くなく，給付行政の決定的な手法にはなっていない。その理由は，第１に，政府の調達行政は私法の規律対象とされ，そのための行政契約（これを政府契約という）は私法契約の形式をとっていること（例，物品納入や公共事業の請負契約），第２に，給付行政の領域でも，公共施設や公共事業等の利用関係は必ずしも公法契約によって構成されておらず，多くは私法契約に拠っていること，第３に，社会保障行政においても，その内容が契約の性質をもつと考えられる場合でも，社会保障を必要とする国民は，申請を行い法律に規定された給付を求め，それを行政処分（＝形式的行政処分）によって決定されることで初めて信頼するという傾向があり，規律内容に不服がある場合，民事訴訟または当事者訴訟によるよりも，不服申立て，

取消訴訟の提起という方法が国民にとって分かり易いことなどにあるといえよう。

(6) 行政契約の問題点

① わが国では，行政契約についての法理論は必ずしも発展していない。行政契約が現代行政の必要かつ正当な規律手法であることは否認できないが，行政契約の法的要件，法的構成および瑕疵の効果など法的な理論的問題については十分解明されていない。

② 公法契約を認める理由は，公法契約という行為形式をとることによって，行政裁量の内容を，交渉と協議により，国民側の有利に具体化することができるという点にある。

③ 契約方式による規律は，一方的な行政庁の行政行為・決定よりも，それ自体正しい決定を導く可能性が高い。しかし契約手法には，一方において公法上の法律の拘束から逃避して企業と癒着し，他方において「事実上の権力」を背景にして弱い立場の国民に対して不当な負担を強いるという危険性があることに注意しなければならない。

IV 行政指導

(1) 行政指導の概念

行政指導とは，一定の行政目的を実現するため特定の者に一定の作為または不作為を求める指導，勧告，助言その他の行為をいう。行政指導は我が国の行政スタイルの特徴をなしているが，行政手続法によってフォーマルな行為形式として承認された。行政指導の特徴は，それが直接の法的拘束力ないし法的効果を導くことを目的とするものではなく，事実上の成果の実現を目標としていることである。行政指導は，事実行為であるという点で，行政行為とは本質的に異なる。

(2) 行政指導の機能

行政指導には次のような機能が認められる。

① 「法律による行政」の補完機能　現代社会は高度に専門化し利益状況が複雑化した結果，一般的・抽象的規律にはしばしば不備があり，それを個別的・具体的現象に適合させるために，複雑で多様な利益状況の解明が不可欠になることが多い。このような場合に，行政が行政需要に柔軟に対応し社会形成的な活動を積極的に行うためには，

国民との協働が必要であり，それは一方的に執行する法適用であるよりも，信頼を基礎とする協調的な行動であることが望ましい。行政指導は，そのような要請に適合しつつ，同時に法律の目的を実現できる行動様式であるということができる。

② 「法律による行政」の空洞化機能　行政指導の特徴は，行政法が原則的に予定している行為形式をとらず，それと結びついている法効果を回避するという点にある。すなわち，行政指導は，多くの場合，行政行為，手続規定，形式規定，取消訴訟などに関する法の規定や法的効果を避けるために，選択されている。行政指導が，精確に法律の目的を実現できるなら，行政法が用意している本来の行為形式と権利保護制度＝法治国の保障は完全に空洞化する。ここに行政と企業との癒着を誘導する要因がある。

(3) **行政指導の種類**

行政指導は，規制的行政指導，助成的行政指導および調整的行政指導に分類することができる。

① **規制的行政指導**　規制的行政指導とは，相手方の活動を事実上規制する効果をもつ行政指導である。年少者の補導・交通指導などの予防的効果をもつ行政指導，建築基準法違反の建築物についての警告・独占禁止法違反の行為をしている者に対する公正取引委員会の勧告などの是正的効果をもつ行政指導，地方公共団体の宅地開発指導要綱（要綱行政）など住環境維持のための行政指導，営業停止処分に代わる営業自粛要請のような制裁的効果をもつ行政指導などがある。

② **助成的行政指導**　助成的行政指導とは，相手方に対し助成・促進・保護などを目的として行われる行政指導である。農業の作付け転換指導・技術指導・経営指導・保健指導・税務相談・各種の知識や情報の提供などがこれに当たる。

③ **調整的行政指導**　調整的行政指導は，私人間の紛争の解決や利害の対立の調整のために行われる行政指導である。例えば，マンションの建築主と周辺住民や大規模小売店舗の事業者と中小売商店との間の紛争の解決のために行われる行政指導である。

(4) **法 的 規 制**

①　行政指導は，当然ながら，法的要請に合致するものでなけ

ればならない。行政指導は，権限を有しない行政機関から発せられたとき，法律の趣旨・目的に抵触するとき，あるいは比例原則・平等原則・信義誠実の原則に違反したとき，さらに国民の権利を侵害するときは，違法となる(法律の優位の原則)。

② 行政指導に法律の根拠が必要かどうかについては説が岐かれている。侵害留保説，法規留保説および権力留保説では，行政指導は相手方に対し直接の法的拘束力を有するものでないから，法律の根拠は必要がない(最判平7・2・22刑集49巻2号1頁＝ロッキード丸紅ルート判決)。しかし，行政指導のうち規制的・調整的指導には法律の根拠が必要であるとする説や行政指導を法治行政の原理を補完するものと法治行政の原理を空洞化するものに分かち，後者には法律の授権が必要であるという説もある。

③ **行政指導の一般原則** 行政手続法は，行政指導の一般原則について，次のように定める。ⅰ その行政機関の任務または所掌事務の範囲を逸脱してはならない。ⅱ 行政指導の内容があくまでも相手方の任意の協力によってのみ実現されるものであることに留意する。ⅲ 相手方が行政指導に従わなかったことを理由に，不利益な取扱をしてはならない。ⅳ 申請に関連する行政指導の場合，行政指導に携わる者は，申請者がその行政指導に従わない旨を表明したにもかかわらずその行政指導を継続すること等によりその申請者の権利の行使を妨げてはならない。ⅴ 許認可等の権限に関連する行政指導について，その権限を行使し得る旨を殊更に示すことによりその行政指導に従うことを余儀なくさせるようなことをしてはならない。

最高裁は，指導要綱に基づく教育施設負担金の納付を求める行為は，制裁措置を背景としてなされる場合には，行政指導の限度を越えるものとして違法であるとし(最判平5・2・18民集47巻2号574頁＝武蔵野市教育施設負担金事件)，行政指導中の建築確認の留保について，行政指導に対する建築主の不協力の意思が真摯かつ明確に表明され，建築主の行政指導に対する不協力が社会通念上正義の観念に反するものといえない場合に，行政指導が行われているという理由だけで建築確認を留保することは違法であるとした(最判昭60・7・16民集39巻5号989頁＝建築確認保留国家賠償事件)。

第5章　行政はどんな形で活動するか(2)

④　行政指導の方式　ⅰ　相手方に対し，行政指導の趣旨，内容および責任者を明確に示さなければならない。ⅱ　相手方から請求があった場合には，行政上特別の支障がないかぎり，その趣旨・内容等を明記した文書を交付しなければならない。ⅲ　複数の相手方に対して同じ内容の行政指導をする場合には，あらかじめその内容となるべき事項を定め，特別の支障がない限り，これを公表しなければならない。行政手続法は，行政指導の透明性の向上を図ったが，現実には，行政指導の文書化はほとんど行われていない。

(5)　**違法の効果**

行政指導は，行政行為と異なり，その本質上直接の法的効果をもたらさないので，行政指導の有効性の問題は生じない。したがって行政指導は取消訴訟の対象となり得ない（最判昭38・6・4民集17巻5号670頁）。しかし行政訴訟による権利保護は，行政行為に限定されるものでなく，事実行為にも及ぶべきものである。したがって違法な行政指導の中止を求める差止訴訟が許容されるべきであるといえよう。また行政指導により違法な損害を受けたときは，国家賠償法に基づき損害賠償を請求することができる。

Ⅴ　行政調査
(1)　行政調査の概念

行政調査とは行政機関が行う行政目的達成のための情報収集活動である。報告の徴収，立入検査，質問，検査，臨検などがある。立入検査，職務質問などは，伝統的学説では，即時強制に含まれている。

①　個別的な行政調査・一般的な行政調査　個別的な行政調査は，個別的具体的な権限行使の必要上行われる調査である。例えば，許・認可などの事務の必要上行われる。これに対して一般的な行政調査は，国勢調査や公害の状況調査など，政策立案のための基礎資料を得るために行われる情報収集活動である。

②　任意調査・強制調査・罰則を伴う調査　任意調査とは相手方の任意の協力を得て行われる行政調査である。強制調査とは相手方に義務を課し，または相手方の抵抗を排除しても行うことのできる調査であり，罰則を伴う調査（間接強制調査）とは調査の妨害を罰則で防止

しようとする行政調査である。
(2) 問 題 点
① 　強制調査と罰則を伴う調査には法律の根拠が必要である。しかし任意調査については，現行法上，通例，法律の規定が置かれていない。通説も法律の根拠は必要ないとしている。しかし任意調査がどの程度まで許されるかは微妙な問題である（最判昭53·9·7刑集32巻6号1672頁＝警察官職務執行法による所持品検査事件，最判昭55·9·22刑集34巻5号272頁＝自動車の一斉検問事件）。

② **行政調査の要件・手続** 　行政調査にはいろいろの態様があるので，その要件を一般的に規定することは困難である。行政上の質問・検査権の行使に当たって，憲法35条の令状を必要とするかという問題について，最高裁は，裁判官の発する令状を一般的要件としないからといって，憲法35条に反するといえないとしている（最判昭47·11·22刑集26巻9号554頁＝川崎民商事件）。また所得税法の質問・検査権をいかなる場合に発動できるかについて，最高裁は，客観的必要性があることを要件とし，さらに具体的手続のあり方については，相手方の私的利益との衡量において社会通念上相当な限度にとどまるべきことを要求する（最判昭48·7·10刑集27巻7号1205頁＝荒川民商事件）。

③ **違法な行政調査の効果** 　一般に，行政調査と行政行為は不可分のものとして1つの行政過程を構成しているわけではない。したがって，一般的に，行政調査の違法は当然には行政行為の違法となるものではない。しかし，調査手続と行政行為が1つの過程を構成して場合に，調査手続に重大な瑕疵があるとき，あるいは調査の違法性が公序良俗に反する程度にまで至ったときは，違法な行政調査を経てなされた行政行為も瑕疵があるものとなろう。

第6章　行政活動に従わせるために，どんな措置がとられるか

I　行政強制
(1) 行政強制の概念
　行政強制または行政執行とは，行政庁が行政に固有の手続によって国民の行政法上の義務を強制的に実現することをいう。国民は，原則として，自己の権利を自ら強制執行すること，すなわち自力救済は認められず，裁判所に民事訴訟を提起し，債務名義を得て，裁判所の執行官による強制執行を求めなければならない。これに対し行政庁は，法律の認める一定の場合に，強制的に行政法上の義務を自分の実力で執行すること，すなわち行政強制を行うことができる。このような行政強制が認められない場合には，行政庁は，国民と同様に，裁判所に民事訴訟を提起し，強制執行を求めなければならない。

(2) 法的根拠
　行政強制のために必要な法律上の原因ないし法的根拠は何によって創られるか。伝統的な学説は，行政行為が義務の履行を命じ，その義務が履行せられないときは，行政権による強制執行が可能であり，行政行為はそのような執行力なしには考えられないという意味で，執行力を行政行為の本質的属性であるとした。したがって，行政行為によって命ぜられた義務をそのままの形で実現し，新たな義務を課するものでない限り，行政強制のための特別の法律の根拠を必要としない，すなわち，執行されるべき義務を命ずる権限を授与する法は，同時にその範囲において，その強制執行の権限をも授与する，としていた。

　しかし戦後の通説は，下命と強制を別個の行為と見て，下命権の根拠が当然に強制権の根拠であるとすることはできず，行政強制には特別の法律の根拠が必要であるとした。この点について，現在，学説は一致しているということができる。

　しかし行政強制の法的根拠として，例えば単に「国税を徴収することができる」，「代執行，執行罰，直接強制をすることができる」，「退

去強制をすることができる」というような実体法上の規定を置くだけでは不十分であろう。行政強制の場合には，法律の根拠のみならず，行政強制を規制するための特別の手続法を必要とすると解すべきである。行政強制の手続法は，少なくとも，強制手段の戒告，強制手段をなすべき時期等の通知および強制手段の実行という3段階についての規律を含むものでなければならない。

(3) 行政強制の種類

行政強制の方法は，金銭納付を要求する場合と作為・不作為・受忍を強制する場合に分けられる。前者が行政上の強制徴収であり，後者には，代執行・直接強制・執行罰の3種がある。

明治憲法のもとでは，行政上の強制執行に関する一般法として行政執行法（明33・法84）があり，行政上の義務の履行がなかったときは，代執行，執行罰，直接強制の手段により，すべての場合に行政上の強制執行ができ，ほぼ完全な行政強制の法制度が整備されていた。

しかし日本国憲法のもとでは，昭和23年に代執行についての一般法として行政代執行法が制定されただけで，その他の部分についての一般法は制定されず，直接強制・執行罰は個別法に委ねられた。したがって全体として，明治憲法のもとにおける一般的・抽象的法律→行政行為→行政強制（直接的な義務の実現）という法システムは，日本国憲法のもとでは一般的・抽象的法律→行政行為→行政罰その他（間接的な義務の確保）を基本とする法システムに変わったということができよう。

(4) 行政上の強制徴収

金銭納付の強制は，公法上の金銭納付義務が履行されない場合に，義務者の財産に実力を加えて，義務の履行があったのと同様の結果を実現する作用である。金銭納付の強制は，国税徴収法の規定による国税滞納処分の手続に従って行われる。国税滞納処分は，他の法令により国税以外の公法上の金銭納付義務についても適用され，これを一般に行政上の強制徴収という。

国税徴収法に定める滞納処分は，督促，財産の差押および換価配当の3段階の手続による。

I 行政強制

(5) 代執行

代執行とは，代替的作為義務が履行されない場合に，行政庁自ら義務者のなすべき行為をなし，または第三者をしてこれをなさしめ，その費用を義務者から徴収することをいう。

(a) **代執行の権限**

代執行の権限を有するのは，義務者に行為を命じた「当該行政庁」である。

(b) **要　件**

① 法律により直接成立する義務（例，残火薬類の廃棄義務）または行政行為により命ぜられた義務で代替的作為義務（例，違法建築物の除却義務，河川の原状回復義務など）の不履行があるとき。法律には委任命令，条例も含まれる。

② 義務は代替的作為義務（他人が代わってなすことのできる行為）でなければならない。非代替的作為義務（例，庁舎の明渡や立退き義務）や不作為義務（例，営業の停止，酒気帯び運転の禁止）は代執行の対象とならない。公害規制法による改善命令は代執行により強制できるが，この場合の代替的作為義務については，改善のための措置が技術的に選択の余地があるため，そのうちの特定の１つを行政庁が強制できるかという点で，問題がある。しかし義務者が実効的な改善措置を講じない場合は，選択的な手段であっても合理性がある限り，代執行による義務の強制が許されると解すべきであろう。

③ 他の手段によって履行を確保することが困難であること。「他の手段」には行政罰や民事上の強制執行は含まれない。義務履行を容易にするための便宜の提供や助言・指導を「他の手段」と解する考え方もあるが，この要件は，代執行の実質的な法的要件としては法律的に無意味であろう。

④ 不履行を放置することが著しく公益に反すると認められること。義務の不履行は直ちに代執行の要件を充たすわけではない。法律は，義務不履行について，著しく公益に反するものと単に公益に反するものを区別し，後者を放置する趣旨である。

(c) **手　続**

① 戒　告　予め相当の履行期限を定め，その期限までに履行し

ないときは代執行をなすべき旨を文書をもって戒告すること。

② **通　知**）その期限までに履行しないときは，予め代執行令書をもって，代執行をなすべき時期・執行責任者の氏名および費用の概算見積額を義務者に通知することを要する。

戒告および通知は，非常の場合または危険切迫の場合において，緊急の必要があるときは，省略することができる。

③ **実　行**）代執行令書に表示された時期までに義務が履行されないときは，行政庁が自ら（行政庁の職員および補助者）義務の内容たる行為をなし，または第三者（民間の業者）をしてこれをなさしめる。

④ **費用の徴収**）義務者からの費用の徴収は，実際に要した額および納付期限を定め，文書を以て納付を命じ，義務者が納付しないときは国税滞納処分の例により，強制徴収を行う。費用の徴収金は，国庫または地方公共団体の経済の収入となる。

なお現行法には，建築基準法，土地収用法，伝染病予防法などに代執行に関する規定があり，代執行の要件，手続について異なった規定が置かれている。とくに土地収用法102条の「代執行」は，行政代執行法の代執行とは基本的構造を異にすることに注意しなければならない。

(d) **行政便宜主義**

代執行を行うべきかどうかの決定は，行政庁の裁量である（東京高判昭42・10・20高民20巻5号458頁＝世田谷砧町日照妨害事件）。厳格な執行の義務づけは一般論として法政策的にも問題があり，当事者による任意の義務履行を期待することが重要である。しかし強制執行を躊躇し，違法状態が看過されると，法律自体がザル法化するリスクが生じることに注意しなければならない。

(e) **代執行に対する抵抗の排除**

通説は，代執行の受忍を拒み，これに抵抗し，その執行が警察力等によらなければならないときは，代執行ではなく直接強制に当たると解している。これに対し，代執行の執行行為に抵抗する場合は，実力をもって執行行為の甘受を強制することができる，あるいは，抵抗を排除するための必要最小限度の実力行使は代執行に随伴する機能として認められるという考え方が対立している。行政庁の裁量判断により

考慮を尽くして代執行に踏み切った場合，相手方の抵抗に対して警察力による実力行使を行うことができないとすれば，代執行制度は全く機能しないことになる。行政強制の本質は不法な抵抗の強制排除にあるといえよう。

(f) **行政強制と民事強制**

行政強制が認められている場合，行政庁が，民事上の強制執行を選択し，裁判所に強制執行を求めて出訴することができるか。この点について，学説は肯定説と否定説に分かれている。行政が違法状態を看過せず強制執行の措置をとるべきことを決定した以上，迅速かつ経済的な行政強制の方法をとるべきで，これを放棄して民事執行に逃避するのは許されないというべきであろう（最判昭41·2·23民集20巻2号320頁＝農業共済保険料強制徴収事件）。

(6) **執 行 罰**

執行罰は，予め指定する期限までに義務を履行しないときは，一定額の過料を科す旨を予告することによって，義務者を威嚇し，義務の履行を強制するもので，将来に向けて非代替性の作為義務および不作為義務の履行の強制を目的とする手段である。現行法では砂防法に執行罰に関する規定があり，それが唯一の例である。執行罰は，同一の行為に対する刑罰と併科することができ，また義務の履行があるまで何回も反復して科することができる。

(7) **直 接 強 制**

直接強制とは，直接義務者の身体または財産に実力を加え，義務の履行があった状態を実現するもので，代執行以外のものをいう。例えば，義務者が移転すべき違法建築物を移転せず，または予防接種の命令に応じない場合に，実力をもって違法建築物を破壊し，または実力をもって義務者に接種を行う方法である。

直接強制は，作為・不作為・受忍のいずれの種類の義務についても適用できる方法であるが，人権侵害の程度が著しいということから，緊急の必要または義務者の無資力などの理由により，代執行または執行罰では目的を達成できない場合に限って，認められる手段であると考えられ，また代執行のように費用を義務者から徴収することはないとされている。

現行法は若干の場合についてしか直接強制を認めていない（例，感染症予防法に基づく強制検診，新東京国際空港の安全確保に関する緊急措置法による工作物の除去など。ただし，警察が明確な法律の根拠に基づかず，即時強制の名目で，実際上，直接強制を行っていることがある）。

(8) 即 時 強 制

① 概　念　　即時強制は，警察法上特有な強制方法であって，行政上の義務の成立を前提とせず，直ちに，国民の身体または財産に実力を加え，行政上必要な状態を実現する作用をいう。現行法上，即時強制は，人権に対する侵害が著しいから，急迫の障害を除くため予め義務を課する遑(いとま)がない場合または事の性質上義務を課することでは目的を達し得ない場合，すなわちノーマルな手続が可能でない場合に認められている。また即時強制には法律の根拠が当然に必要であるが，その行使の方法には最小限度の侵害の原則が働く。

② 法 的 性 質　　即時強制は，従来，義務の存在を前提としない実力行使であると考えられてきた。しかし即時強制は，行政上の処分，強制の戒告および強制の実行行為が1つの行為に集中している場合である。換言すれば，即時強制は，法律→行政処分→それを強制する執行手続という3段階のノーマルな行政過程が，その最終段階である実行行為において，すべて凝縮している場合であるということができよう。

③ 即時強制の手段　　ⅰ 身体に対する強制として，警察官職務執行法の定める人の保護・避難等の措置，犯罪の制止，犯人の逮捕，武器の使用や伝染病患者の強制入院，強制診断などがある。ⅱ 財産に対するものとして，消防対象物等の使用および処分，狂犬の撲殺，未成年者の酒類・煙草等の没収，銃砲等の一時保管，違法広告物の除却などがある。ⅲ 以上のほか，住居・営業所等への立入りがある。

Ⅱ　行　政　罰

(1) 行政罰の概念

行政罰は，行政法上の義務の違反に対して科せられる罰をいう。過去の義務違反に対する制裁であり，将来の義務履行の強制を目的とする執行罰と区別される。また公務員の勤務関係において認められる懲

戒罰とも区別される。

行政罰と刑事罰との区別は明瞭でない。普通，刑事罰は身体，生命，財産，名誉，安全など社会の基本的な法益および価値を保護することを目的とするのに対し，行政罰は行政の機能を確保することを目的とする。要するに，反社会的・反道徳的行為に対するものが刑事罰であるのに対し，法令や行政行為によって課せられた行政法上の義務違反に対するものが行政罰である。このような考え方が従来の通説であった。

しかし行政罰と刑事罰の間には多くの共通点があり，例えば租税法上の租税行為は刑事犯と同化して行く傾向にあり，両者を区別し，行政罰のために刑事罰と異なる原則を立てることは難しい。結局，両者の区別は，流動的，相対的で単なる程度の相違があるにすぎないという考え方が，現在の学説の傾向といえよう。現行法は，いわゆる行政犯についても刑法総則を適用し，例外はとくに明示の規定を必要とするという考え方をとっている。

(2) **行政罰の種類と根拠**

現行法上認められている行政罰には，行政刑罰と行政上の秩序罰がある。

行政罰については必ず法律の根拠が必要である。近年，金銭罰の額が大幅に引き上げられる傾向にある。

(3) **行 政 刑 罰**

行政刑罰は刑法に刑名の定めのある刑罰，すなわち懲役，禁固，罰金，拘留，科料であり，国の法令の定めるもののほか，地方公共団体の条例でも行政刑罰を定めることができる。刑法総則の適用を受け，原則として刑事訴訟法の適用がある。

行政刑罰には，実体法上の特殊性と手続法上の特殊性がある。

(a) **実体法上の特殊性**

行政犯は，必ずしも故意を必要とせず，過失だけで罰することができるとされてきたが，現在の学説・判例は，過失を罰する明文の規定がある場合や法規の解釈から過失処罰が認められる場合のほか，過失犯成立は認められないとしている。法人も犯罪能力が認められ，財産罰が科せられることが多く，また法人のほか，行為者を罰するいわゆ

第6章 行政活動に従わせるために、どんな措置がとられるか

る両罰規定がある。自己の行為だけでなく、未成年者の行為については法定代理人を、代理人の行為については本人を、従業者・使用人等の行為については事業主を、罰するとしている例が多い。

(b) **手続における特殊性**

① **反則（犯則）金制度**　刑事裁判手続の特例で行政機関による手続として、国税犯則取締法上の通告処分と道路交通法上の交通反則金の制度がある。前者は、間接国税の犯則事件について行政庁（国税局長、税関長など）が告発する前提として、罰金または科料に相当する金額等の納付を通告し、通告の処分の内容が履行された場合には、刑事手続に移行しないものである。後者も、同趣旨のもので、一定期間内に反則金を納付すると、反則者は公訴を提起されない。一旦通告処分に従い反則金を納付した者は、後に、その通告処分に対し取消訴訟を提起することは認められず、通告処分に従いたくない者は、反則金を納付せずに、後に、刑事手続で無罪を主張して争うことになる。

② **交通事件即決裁判手続**　交通事件の裁判手続について、即決裁判手続という簡易な制度がある。この制度の目的は多量に発生する道路交通違反行為を迅速に処理することにある。50万円以下の罰金と科料について認められ、刑の執行を猶予し、没収を科し、その他附随の処分をすることができる。即決裁判の宣告があったときは、被告人または検察官は、14日以内に、正式裁判の請求をすることができる。

(4) **秩序罰たる過料**

行政罰に特有なものに過料がある。過料は刑法の定める罰ではなく、行政罰（金銭罰）として特に認められたものである。登記・登録・届出など円滑な行政運営を担保するため、単純な義務懈怠に対して設けられている。刑法および刑事訴訟法の適用を受けず、裁判所において非訟事件手続法によって科せられる（例、住民基本台帳法の届出義務違反行為に対する過料）。

地方自治法上の過料は、条例または規則違反に対する秩序罰として定められ、地方公共団体の長が行政処分として科し、不服ある者には不服申立てが認められる。

Ⅲ　その他の制裁
(1)　公　表
　公表とは一般に単に事実を知らせることをいう。義務の不履行や行政指導に対する不服従の場合に，その者の氏名やその違反事実を公表する場合があり，また情報提供という意味で調査事実を公表する場合もある。公表は，それによって相手方の名誉・信用を低下させる場合は，大きな社会的制裁ないし影響を与えるという効果がある。このような制裁的公表は間接強制の一態様であり，法律の根拠が必要であろう。さらに公表は個人のプライバシーや企業の営業上の利益を侵害する場合もある。したがって公表は，慎重でなければならない。

(2)　給付拒否
　行政法上の義務の違反があった場合に，制裁として給付の拒否をする場合がある。例えば，水道事業者たる市町村は，給水を受ける者が，料金を支払わないとき，義務違反があるとき，その他正当な理由があるときは，給水を停止することができる。しかし水は生存に不可欠のものであり，しかも市町村がこれを独占的に供給している。したがって，法律の定める要件があれば直ちに給水拒否が許されるわけではない。料金を支払わないときでも，個人にとって死活にかかわる場合は，給水拒否は許されないと解すべきである。すなわち生活必需的サービスに係わる給付拒否には，法律適合性，比例原則，聴聞の三要件が必要である。行政指導に従わない建築物に対し，行政指導に従わないことを理由に，水道の給水契約の締結を拒否することは，正当な理由がなければ，許されない（最決平元・11・8 判時 1328 号 16 頁＝武蔵野市マンション事件）。

(3)　経済的負担・制裁処分
　加算税や課徴金などを賦課することによって間接的に義務の履行を確保しようとする制度がある。また義務違反に対し，制裁として営業許可の停止または取消しのような行政処分がなされることもある。このような経済的負担・制裁処分によって間接的に義務の履行が強制される。

(4)　心理的プレッシャー
　行政上の義務の履行を確保するために，規制的行政指導に伴って多

種多様の心理的プレッシャーを加えることがある。嫌がらせ,いじめ,脅し,暗示等があり得る。行政機関の活動も常に公明正大とはいえない。

第7章　行政活動について，どんな手続がとられているか

I　行政手続の観念
(1)　行政手続の意義
　行政手続とは，広い意味において，行政決定を行うことを目標とする手続参加者の相互に関連する行為の順序ないし展開のプロセスをいう。行政手続は，行政と国民の相互作用のシステムであり，行政庁の内部的な決定発見のためのプロセスではない。それは行政決定のための情報の収集および情報処理を目標とする。行政手続は，動態的な事象であって，手続の所産ないし結果としての行政決定とは異なる。このような広い意味の行政手続は，議会の立法手続および裁判所の司法(訴訟)手続に対応し，多種多様の行政活動についての手続を含む包括的な概念である。

(2)　行政手続の理念
　現代行政の手続は，秩序維持行政に伴う一方的・命令的・強制的性格を後退させ，行政と国民とのコミュニケーションの可能性を保障するものでなければならない。わが国の明治以来の行政実務の特徴は，権威主義的で一方的な上意下達の方法にあった。このような性格は，現行憲法のもとにおいても，基本的に変わらずに存続した。しかし現代行政の手法は，説得と同意を追求する透明で公正な行政の実現を目指すものでなければならない。

　わが国の戦前における行政法学は，ドイツ行政法理論の影響のもとに，行政実体法を中心とするもので，行政手続についての関心は強くなかった。戦後の日本は，アメリカやイギリスの行政法・行政制度の影響を受けて，行政手続法の重要性を認識し，いろいろの法律の中で聴聞，弁明の機会を保障する手続規定を設けた。この個別法による個々の手続規定には，不備・不統一があり，行政実務での運用は行政手続の理念を実現するものではなかった。行政手続法の制定はこの点についての第一歩を進めたものとされる。しかしわが国では，法律制

定の第一歩は何十年にも及び，なかなか第二歩には進まないことが指摘できよう。

(3) 行政手続の機能
行政手続は，次のような機能を果たすべきことが期待される。

① 公正性の保障機能　行政手続の機能の重点は，行政決定の公正性を導くことにあるが，同時に，行政手続そのものがフェアでなければならない。それは行政決定の内容および過程における恣意・偏見・独断を排除することである。

② 決定過程の透明化機能　行政手続は，行政決定の見通しを可能にし，決定プロセスの透明性が得られるものでなければならない。

③ 権利利益の保護機能　行政手続は，当事者の権利を保護するのみならず，利害関係人のあらゆる利害を話題にし，それに耳を傾ける機会を保障すべきものである。したがって行政手続は，行政上の不服申立および行政訴訟による法的救済を先取りし，とくに行政裁量の不当性を予防的に是正すべき機能を果たすことが期待される。

(4) 行政手続の種類
行政手続はいろいろの基準に基づいて分類することができる。

① 法的効果による分類　行政手続は，その法的効果が行政内部にとどまる場合と行政外部にまで及ぶ場合とに分類することができる。前者が内部的手続で後者は外部的手続である。本来の行政手続は外部的手続である。諮問手続は，行政庁の内部的手続であるが，機能的に外部法化することがある。

② 行為形式による分類　行政手続は，その対象に応じて，行政立法手続，行政処分手続，行政契約手続，行政計画策定手続，行政指導手続，行政調査手続，行政上の強制執行手続，行政上の不服申立手続，行政審判手続など，多数の異なる行政手続を区別することができる。

③ 行政処分の前後を基準とする分類　行政処分の事前に行われる行政手続と行政処分の事後に行われる行政手続を区別することができる。前者が狭義の行政手続であり，後者には行政執行手続，制裁（行政罰）手続，さらに行政上の不服申立手続や行政審判手続がある。

④ 保護される利益の内容を基準とする分類　不利益処分に前置

される聴聞手続を中心とする行政手続と計画決定や行政立法について情報や意見を提供する機会を保障する行政手続を区別することができる。前者は処分の相手方の権利利益を保護することを目的とする事実審型聴聞を中心とし、後者は計画決定過程における利害調整と民主化を図るとともに決定内容の適正を確保することを目的とする陳述型聴聞を中心とする。

本書では、事前の行政手続として行政手続法（平成5・11・12）と事後の行政手続として行政不服審査法（昭和37・9・15）を中心に説明する。

Ⅱ 事前の行政手続
(1) 行政手続法
(a) 行政手続法（以下、「行手法」という。）の目的

行手法は、法律の目的として、「行政運営における公正の確保と透明性の向上」と「国民の権利利益の保護」をあげる。公正の確保とは、行政決定の公正性と行政手続におけるフェア（適正）を意味する。行政決定の内容の公正性の実現のためには行政手続の適正化が不可欠である。また透明性とは、行政上の意思決定について、その内容およびプロセスが国民にとって明らかであることをいう。

(b) 行手法の対象

行手法は、行政手続についての法的定義を示していないが、行手法の対象は、行政処分手続、行政指導手続および届出手続の3つに限定されている。

① 処分に関する手続　行政手続は、行政庁が一定の結果（＝処分）に到達するための手続であるという意味で、処分に関する手続はまさに通常の行政手続である。

処分とは、行政庁の処分その他公権力の行使に当たる行為をいい、そのうち、不利益処分とは、行政庁が法令に基づき特定の者を名あて人として、直接に、これに義務を課し、またはその権利を制限する処分をいう。

② 行政指導に関する手続　行政指導に関する手続は行政目的を実現するための事実行為に関する手続であり、これを法的規制の対象として取り上げた点に、わが国の行手法の特色がある。行政指導の手

続については既に述べた。

③ 届出に関する手続 届出とは，行政庁に対し一定の事項の通知をする行為であって，法令により直接にその通知が義務づけられているものをいう。届出は，本来，行政庁に対する私人の一方的な通知行為であって，それによって行政手続法関係の成立は予定されていない。しかし行手法は，公正手続という視点から，届出に関する手続を行手法の規制の対象として取り上げた。すなわち，届出が届出の形式上の要件に適合している場合には，届出が法令により提出先とされている機関の事務所に到達したときに，届出をすべき手続上の義務が履行されたものとされる。

(c) 適用除外

① 一定の処分・行政指導 行手法は，16項目にわたって適用除外とされる処分・行政指導を挙げている。これらの処分・行政指導は，i 本来の行政権の行使とは適合しないもの，ii 独自のルールによる規律が認められるもの，iii 処分の性質上，行手法になじまないもの，という3つのグループに分けられる。そのうち，学生に対する処分・行政指導，刑務所の在監者等に対する処分・行政指導，公務員の職務または身分に関して行われる処分・行政指導および外国人に対する出入国・難民認定・帰化に関する処分・行政指導が全面的に適用除外されたことは問題であるといえよう。

② 地方公共団体の機関がする処分 地方公共団体の機関が条例・規則に基づいて行う処分・行政指導や届出は適用除外される。これらの処分については，各地方公共団体の行政手続条例が適用される。

③ 国の機関等に対する処分等 国の機関や特殊法人等に対して行われる処分についても行手法は適用除外される。

(2) 行手法の原則

(a) **不利益処分に対する意見陳述**（聴聞・弁明の機会の付与・公聴会）

① 聴聞の意義 聴聞とは，消極的には，行政庁は，関係人が前もって意見を陳述することのできない事実関係を不利益処分の基礎とすることができないこと，積極的には，関係人は，原則として事実上および法律上の問題について，必要と考えるすべての意見を陳述する機会が与えられ，行政庁はそれを真面目に検討し，それについての意

見を明らかにしなければならないことを意味する。

聴聞を求める権利は憲法に明示されていないが，行政手続の核心をなす本質的な要素であるということができる。聴聞の理念は，行政庁と国民との法的対話を実現することにある。行手法は，行政庁が，不利益処分をしようとする場合には，名あて人となるべき者について，意見陳述のための手続を執らなければならないと規定し，不利益処分に限定して，処分に対する意見陳述の一般的原則を規定した。行手法によれば，許認可等の拒否処分は不利益処分に当たらない。しかし法治国家においては，許認可等の拒否処分についても，聴聞を求める権利が認められなければならない。

不利益処分に対する意見陳述のための手続は，聴聞，弁明の機会の付与および公聴会である。

② 聴聞および弁明の機会（振分け基準） 不利益処分については，原則として聴聞手続か弁明手続のいずれかを執らなければならない。行手法は，不利益処分のうち，処分の相手方に及ぼす不利益の程度の高い特定の不利益処分に限って聴聞手続を実施し，それ以外の不利益処分については，原則として，弁明の機会を付与する。その振り分け基準は次の通りである。

聴聞は，次のいずれかに該当するときに認められ，これを法定聴聞という。

ⅰ 許認可等の取消処分をしようとするとき。

ⅱ ⅰのほか，名あて人の資格または地位を直接にはく奪する処分をしようとするとき。

ⅲ 法人の役員やその業務に従事する者の解任を命ずる処分またはその除名を命ずる処分をしようとするとき。

ⅳ ⅰからⅲまでのほか，行政庁が相当と認めるとき。これを任意聴聞という。

弁明の機会の付与は，聴聞手続の対象となるⅰからⅳまでのいずれにも該当しない不利益処分について認められる手続である。営業停止命令，施設の改善命令，物件の撤去命令など不利益処分の名あて人となるべき者に一定の作為義務または不作為義務を課するものがこれに当たる。

なお，聴聞手続および弁明手続を執るべき処分でも，公益上，緊急に不利益処分をする必要がある場合や無資格の事実が明白になった人の処分などについては，これらの手続は適用されない。

③ **公聴会の開催** 行政庁が，申請に対する処分について，申請者以外の者の利害を考慮すべきことが許認可等の要件とされている場合には，必要に応じ，公聴会等で申請者以外の者の意見を聴く機会を設けるよう努めなければならない。これは，公聴会の開催について，行政庁の努力義務を定めたものにすぎない。また公聴会の問題点としては，公聴会の開催，手続，運用について行政庁に広範な裁量が認められ，行政庁側の一方的な説明会に終り，公聴会が形骸化することが指摘できよう。

(b) **文書閲覧権**

① **意　義** 文書閲覧権とは，処分の当事者および参加人が行政手続に係る文書や資料の閲覧を求める権利をいう。当事者および一定の参加人は，行政庁に対し，その不利益処分の原因となる事実を証する資料の閲覧を求めることができる。文書閲覧権の保障は，従来の行政法における文書秘密主義からの転向を意味し，情報公開の原則を承認したものであるといえよう。

ⅰ **適用範囲**　文書閲覧権は法定聴聞においてのみ認められる。任意聴聞や弁明手続の場合でも，行政庁の裁量により，当事者等に文書閲覧を許すことができる。

ⅱ **閲覧請求の主体**　文書閲覧が認められるのは，当事者およびその不利益処分がなされた場合に自己の利益を害されることとなる参加人である。その処分により利益を受ける参加人や手続に関与しない第三者には，文書閲覧を求める権利がない。

ⅲ **閲覧の対象**　閲覧を認められる文書は，その事案についての調査の結果に係る調書その他その不利益処分の原因となる事実を証する資料である。

ⅳ **閲覧の期間**　文書の閲覧は，聴聞の通知があった時から聴聞が終結する時までの間に限定されている。文書閲覧権は，進行している行政手続の中においてのみ存在し，手続の外では，行政庁はその裁量により文書等の閲覧の承認について決定をする。

ⅴ 閲覧の実施　　行政庁は，閲覧の実施について，「日時及び場所」を指定することができる。文書の閲覧とは，文書を読むことだけではなく，文書の内容についてメモをとり，個々の文書の部分についてコピーをとることができることである。閲覧は行政庁の監督のもとに行われる。コピーは，文書が大量にわたり，多くの時間を要し，行政機関の業務の妨げとなるときは，制限されることがある。

　② **例　外**　　文書閲覧の原則については例外が認められる。

　ⅰ 閲覧の拒否事由　　文書閲覧は，第三者の利益を害するおそれがあるときその他正当な理由があるときでなければ，拒否できない。「第三者の利益を害するおそれがあるとき」には，閲覧請求者以外の者のプライバシーや法人の企業秘密等が含まれ，「その他正当な理由があるとき」には，公益上支障が生じる場合や閲覧請求が権利濫用となる場合などが考えられる。

　ⅱ 閲覧拒否に対する救済方法　　文書閲覧の拒否処分および閲覧の範囲，時期，時間，方法などについての不十分な承認については，行政不服審査法による救済が認められない。

　閲覧拒否処分に対する取消訴訟が許されるかどうかについては，行手法に規定がない。通説は，文書閲覧権は手続過程の派生的権利であること，通常の救済手続を認めると手続の促進が図れないことを理由に，単独で取消訴訟を提起できないと解し，拒否処分の違法は本体たる不利益処分の取消訴訟で争うべきであるとしている。しかし明文の規定なしに取消訴訟の提起を制限する解釈論には疑問が残るといえよう。

(c) **理由提示の強制**

　① **理由提示の意義**　　法治国家においては，行政庁は，原則として，その決定に理由を付記し，決定に至った重要な事実上および法律上の理由を提示する義務がある。理由提示の義務は，あらゆる種類の行政処分，したがって受益的行政処分についても成立する。とくに不利益処分および行政裁量についての理由提示の強制が重要である。

　行政庁は，許認可等を拒否する処分や不利益処分をする場合には，その処分の理由を示さなければならない。拒否理由が客観的に明白な場合，すなわち，法令に定められた許認可等の要件または公にされた

審査基準が数量的指標その他の客観的指標により明確に定められている場合であって，その申請がこれらに適合しないことが申請書の記載または添付書類から明らかであるときは，申請者の求めがあったときに理由を示せば足りる。また，不利益処分については，緊急の場合，すなわち理由を示さないで処分をすべき差し迫った必要がある場合は，理由を示さなくてよい。しかしこの場合においても，原則として，処分後相当の期間内に，理由を示さなければならない。

② **理由提示の機能** 理由提示には3つの機能がある。第1は，行政の自己コントロール機能である。すなわち，理由づけを書面で作成する段階で，当初の考え方を修正せざるを得ない新しい側面が発見されることがあり，要するに，行政の恣意を排除することが期待できる。第2は，争点を明らかにし，さらに証拠書類としての機能を有する。行政処分の相手方は，理由提示によって，行政庁の見解の根拠を検討し，争訟の可能性を判断することができる。第3に，理由提示は，関係人に対し決定の正しさを説得し，関係人のコンセンサスを得ることによって決定を正当化する目的にも資する。総じて，理由の提示の強制は，行政判断の合理化機能を有するといえよう。

(d) **行政基準の設定・公表**

行政手続の透明性の向上を図るためには，行政の判断ないし行動の依るべき審査基準・処分基準および標準処理期間などの行政基準を設定し，これを公表することが不可欠である。行政基準の設定・公表は行手法の大きな特色である。

① **審査基準および処分基準の意義** 審査基準とは，申請により求められた許認可等をするかどうかを判断するために必要とされる基準をいい，処分基準とは，不利益処分をするかどうかまたはどのような不利益処分とするかについて判断するために必要とされる基準をいう。

② **基準の設定・公表義務**

ⅰ **基準設定の主体** 審査基準・処分基準の設定義務を負うのは行政庁である。設定主体が法令所管庁であるか，上級庁であるか，処分庁であるかは問題でない。

ⅱ **基準の具体化** 審査基準・処分基準は規範具体化機能を有す

る。審査基準・処分基準は，できる限り具体的なものとしなければならない。

iii 基準の設定手続　行手法は，審査基準・処分基準の設定手続について，何らの規定も置いていない。設定手続の透明性が最小限度要請されよう。

iv 公表義務　審査基準・処分基準は，公表義務に服すべきものである。審査基準は申請の提出先とされている機関の事務所における備付けその他の適当な方法により公にしておかなければならない。しかし，審査基準については，行政上特別の支障があるときは，それを公表しなくてもよいし，処分基準については，公表は努力義務である。

③ 設定義務の例外　審査基準の設定義務については，特別の事情がある場合は，例外が認められる。

(e) **標準処理期間の設定・公表**

法治国家においては，行政庁は，適正な処分を行う義務だけではなく，申請を迅速に処理し，その審査を終了したら遅滞なく処分をすべき義務を負う。行政庁は，申請の処理に要する標準的期間を定めるよう努めるとともに，これを公にしておかなければならない。これは，申請から処分までの期間について予測可能性を与え，申請人の便宜を図るとともに，申請に対する処分の迅速な処理，行政の効率性を確保しようとするものである。

① 標準処理期間　標準処理期間とは，申請がその事務所に到達してからその申請に対する処分をするまでに通常要すべき標準的な期間をいい，経由機関がある場合には，申請があってから処分をするまでの処理に要する全期間を定めるだけでなく，その経由機関において処理に要する期間も明らかにする必要がある。

② 公表義務　審査基準の場合と同様，その申請の提出先とされている機関の事務所における備付けその他の適当な方法により公にしておかなければならない。

③ 標準処理期間を徒過した処分　標準処理期間の徒過は処分を直ちに「不作為の違法」とするものではない。しかし標準処理期間は，不作為の違法確認訴訟における「相当の期間」の認定の資料となるといえよう。

第7章　行政活動について，どんな手続がとられているか

(3) 行政処分手続

行手法は，行政処分手続として，申請に対する処分の手続と不利益処分の手続を区別する。以下に，申請に対する処分の手続として申請手続，不利益処分の手続として聴聞手続，弁明手続および公聴会手続の概要を説明する。

(a) **申請手続の概要**

① 意　義）　申請とは，法令に基づき，行政庁の許可，認可，免許その他の自己に対して何らかの利益を付与する処分を求める行為であって，その行為に対して行政庁が許諾の応答をすべきこととされているものをいう。

② 申請の成立）　申請は，行政庁の事務所に到達することによって，成立する。行政庁の事務所とは，行政庁の所在する本庁および地方支分部局または経由機関の受付窓口を意味する。行政庁は，申請を受理せず，これを返戻（へんれい）することは許されない（名古屋高金沢支判平15・11・19判タ1167号153頁）。

③ 申請の審査）　行政庁は，申請がその事務所に到達したときは遅滞なくその申請の審査を開始しなければならない（仙台地判平10・1・27判時1676号43頁）。申請の形式的要件としては，申請書の記載事項に不備がないこと，必要な書類が添付されていること，申請が期間内にされたこと，その他の法令に定められた申請の形式上の要件に適合していることが必要である。行政庁は，申請が形式上の要件に適合しないときは，相当の期間を定めてその申請の補正を求め，またはその申請により求められた許認可等を拒否しなければならない。したがって，申請の審査の先送りという実務的運営は排除される。

④ 情報の提供）　法治国家においては，申請をした国民が，情報の不足や単なる見落としにより，権利を失うことがないようにしなければならない。行手法では，行政庁は，申請書の記載および添付書類に関する事項その他の申請に必要な情報の提供に努め，また申請者の求めに応じ，その申請に係る審査の進行状況およびその申請に対する処分の見通しを示すよう努めなければならない，と規定している。

(b) **聴聞手続の概要**

① 聴聞の通知）　行政庁は，聴聞を行うに当っては，聴聞期日ま

でに相当な期間をおいて、不利益処分の名あて人となるべき者に対し、次に掲げる事項を書面により通知しなければならない。ⅰ 予定される不利益処分の内容および根拠となる法令の条項、ⅱ 不利益処分の原因となる事実、ⅲ 聴聞の期日および場所、ⅳ 聴聞に関する事務を所掌する組織の名称および所在地。

個別の法律では、1週間または2週間前の通知を定める例が多い。

② **聴聞の審理方式**　聴聞は、行政庁が指名する職員その他法令で定める者（＝主宰者）が主宰する。聴聞手続においては、主宰者が、実際の手続をどのように運用するか、手続参加者にどのように対処するかが重要である。主宰者は、最初の聴聞の期日に、行政庁の職員に、不利益処分の内容、根拠法令、原因となる事実を説明させる。これに対し当事者または参加人は、聴聞の期日に、意見を述べ、証拠書類を提出し、行政庁の職員に対し質問をすることができる。主宰者も、当事者に対し質問し、行政庁の職員に対して説明を求めることができる。聴聞の期日における審理は、原則として、非公開である。

③ **聴聞の終結**　聴聞を続行する必要がないときは、聴聞は終結する。主宰者は、当事者が正当の理由なく聴聞の期日に出頭せず、かつ、陳述書または証拠書類等を提出しない場合、または参加人が聴聞の期日に出頭しない場合には、聴聞を終結することができる。主宰者は、各期日ごとに聴聞調書を作成し、聴聞が終結した後速やかに報告書を作成する。聴聞調書および報告書は行政庁に提出されるが、当事者または参加人はその閲覧を求めることができる。行政庁は、不利益処分を決定するときは、調書の内容および報告書に記載された主宰者の意見を十分参酌しなければならない。

④ **聴聞の再開**　行政庁は、聴聞の終結後に生じた事情にかんがみ必要があるときは、主宰者に対し、報告書を返戻して聴聞の再開を命ずることができる。

(c) **弁明手続の概要**

弁明は、不利益処分の名あて人に対する通知によって、開始される。通知は、次の掲げる事項を書面により行う。ⅰ 予定される不利益処分の内容および根拠となる法令の条項、ⅱ 不利益処分の原因となる事実、ⅲ弁明書の提出先および提出期限（口頭による場合は、その旨およ

び出頭すべき日時・場所)。弁明は，原則として，書面（弁明書）によって行われるが，口頭による弁明を認めることもできる。当事者は，弁明をするとき，証拠書類等を提出することができる。

(4) その他の事前手続
(a) **環境影響評価（環境アセスメント）**

環境アセスメントとは，事業の実施が環境に及ぼす影響について，大気，騒音等の環境の項目ごとに，調査，予測，評価を行い，その過程で環境の保全のための措置を検討し，この措置が講じられた場合における環境影響を総合的に評価するものである。環境アセスメントの制度は，環境保護という視点に限定されているが，行政計画手続の一環として機能しているといえよう。

環境影響評価法（平成9・6・13）では，国が実施し，または国が許・認可を行うなど国が関与する事業を対象として，環境アセスメントを義務づけている。アセスメントの対象となる事業は，一定規模以上の道路，ダム，鉄道，空港，発電所，廃棄物最終処理場など（第一種事業）のほか，環境影響評価をするかどうかを個別に判定（スクリーニング）される事業（第二種事業）である。

環境影響評価は，次の手続により進行する。i 環境影響評価方法書の手続（いわゆるスコーピング手続），ii 環境影響評価の項目等の選定と環境影響評価の実施，iii 環境影響評価準備書の作成，iv 環境影響評価書の作成，v 対象事業の内容の修正等，vi 評価書の公告および縦覧後の手続。

評価書の縦覧後の手続として，免許等における環境保全の審査がある。対象事業に係る免許等を行う行政庁は，その免許等の審査に際し，環境影響評価書に基づいて，その対象事業につき，環境保全に適正な配慮がなされたものかどうかを審査し，審査の結果，免許等を拒否し，または免許等に条件を付することができる。これは，横断的に各許認可法に及ぶことから，いわゆる横断条項と呼ばれている。

環境影響評価手続には次のような問題点がある。i 事業者自身が行う事業アセス方式であるため，評価は甘く，事業者の立場に偏する傾向がある。しかし，行政側の関与の程度によっては，「行政による環境アセス」に接近する機能を果たすことが期待できる。ii 住民参

加の保障（意見書の提出など）が十分とはいえない。iii 開発についての抑止的機能を期待することはできない。

(b) **パブリック・コメント手続**

行手法では，行政立法の制定手続については定められておらず，行政立法は行政手続法の対象外とされた。しかし平成11年3月に，「規制の設定又は改廃に係る意見提出手続」が閣議決定された。これは，政令・省令等の策定過程において，事前にその原案を公表し，この案に対して国民等から提出された意見・情報を考慮して，意思決定を行う意見提出手続（いわゆるパブリック・コメント手続）であり，行政の意思決定過程の公正性を確保し透明性を図るために，全省庁共通の統一ルールとして決定されたものである。

パブリック・コメント手続の対象となるのは，広く一般に適用される国の行政機関の意思表示で，規制の設定または改廃に係るものである。政令，内閣府令，省令，告示のほか，行手法の公にする審査基準，処分基準および複数の者を対象とする行政指導に共通して内容となるべき事項が含まれる。ただし，迅速性・緊急性を要するもの，軽微なもの等については，パブリック・コメント手続によらないことができる。原案の公表方法は，ケースに応じて，ホームページへの掲載，窓口での配布，新聞・雑誌等による広報，広報誌掲載，官報掲載または報道発表のいずれか適切な方法による。概ね1月程度の期間で意見を募集し，行政機関は，提出された意見に対する考え方を取りまとめ，提出された意見とあわせて公表する。

(c) **諮 問 手 続**

諮問手続とは，行政庁が，行政決定について，審議会や調査会などに諮問をし，その答申を受ける手続をいう。諮問手続は，行政庁の内部手続であって，行政と国民との動態的な相互関係としての本来の行政手続ではない。わが国では，行政決定についての専門知識の導入，処分の公正性の確保，利害の調整という理由で，諮問手続をとることが広く活用されており，審議会における諮問手続が行政手続の一環として位置づけられている。この場合，行政庁は，事実上，審議会等の意見を尊重しなければならないが，それらの意見に法的に拘束されるものではない。

(5) 情報公開制度
(a) 制度の目的

情報公開制度は、国民から信頼される公正で民主的な行政の実現を図るための制度である。行政機関の保有する情報の公開に関する法律（平成11·5·14、以下「情報公開法」という）は、国民主権の理念にのっとり、行政文書の開示を請求する権利につき定めることにより、政府の諸活動を国民に説明する責務（説明責任＝アカウンタビリティ）を全うされるようにするとともに、国民の的確な理解と批判の下にある公正で民主的な行政の推進に資することを目的とする。

(b) 開示請求権

何人も、行政機関の保有する行政文書の開示を請求することができる。開示請求権の対象となる行政文書とは、ⅰ 行政機関の職員が職務上作成しまたは取得した文書・図画・電磁的記録で、ⅱ その行政機関の職員が組織的に用いるものとして、その行政機関が保有しているもの。行政文書は、通常、決済等の手続を経て確定されるが、このような決済等の手続が終了していることを必要としない。対象となる機関は、警察・防衛・外交関係機関も含むすべての行政機関および会計検査院である。

(c) 開示の手続

開示請求は、開示請求者の氏名・住所等と請求対象文書を特定するに足りる事項を記載した書面を行政機関の長に提出する。行政機関の長は、開示請求に対し、開示するときはその旨の決定をして、これを開示請求者に書面で通知しなければならない。開示決定等は、開示請求があった日から30日以内にしなければならないが、30日以内に限り延長することができる。また、著しく大量の文書が開示請求された場合には、開示決定等の期限の特例が認められる。

(d) 不開示情報

行政機関の長は、原則として、行政文書の開示義務を負うが、例外として、次の情報は不開示情報とされる。個人に関する情報、法人等に関する情報、国の安全等に関する情報、公共の安全等に関する情報、審議・検討等に関する意思形成過程情報および行政機関の事務・事業の執行に関する情報の6の類型で、それぞれについて不開示の要件が

Ⅱ　事前の行政手続

定められている。

(e) 部分開示，裁量的開示，行政文書の存否に関する情報

① 部分開示　行政文書の中に不開示情報が含まれているときでも，その不開示情報の部分を容易に区分して除くことができるときは，部分開示を行わなければならない。それができないときとは，主として，電磁的記録の場合を想定して技術的にその部分の分離が困難な場合を指しており，マニュアル情報の場合は問題にならない。

② 裁量的開示　行政文書に，不開示情報が記録されている場合にも，行政機関の長は，公益上特に必要があると認めるときには，その文書を開示することができる。

③ 行政文書の存否に関する情報　開示請求に対しては，開示決定か拒否決定がなされる。しかし，ある開示請求に対してその行政文書が存在しているか否かを答えるだけで，情報を開示することとなるときには，行政機関の長は，行政文書の存否を明らかにしないで開示請求を拒否することができる。このような存否応答拒否はグロマー拒否と呼ばれる。存否応答拒否ができる情報とは，情報交換を明らかにしない約束で他国等との間で交換された機敏な情報，犯罪の内偵捜査に関する情報，特定の個人の病歴の情報などが想定されている。

(f) 開示の実施

行政文書の開示は，文書や図画については閲覧または写しの交付により，電磁的記録についてはその種別等に応じた方法で行う。なお，受益者負担の原則および原価補償主義の見地から，開示請求をする者または行政文書の開示を受ける者は，原則として，それぞれ手数料を納めなければならない。

(g) 不服申立て

① 審査会への諮問　開示決定等の処分に対し不服があるものは，行政不服審査法に基づき，不服申立てをすることができる。不服申立てがあったときは，その不服申立てに対する裁決または決定をすべき行政機関の長は，ⅰ 不服申立てが不適法で却下するとき，またはⅱ 当該不服申立てに係る行政文書の全部を開示するときを除いて，情報公開審査会に諮問しなければならない。

② 審査会の調査権限　ⅰ 審査会は，必要があると認めるとき

は，諮問庁に対し，開示決定等に係る行政文書または法人文書の提示を求めることができる。この場合，何人も，審査会に対し，その提示された行政文書または法人文書の開示を求めることができない。これをインカメラ審理という。ⅱ 審査会は，必要があると認めるときは，諮問庁に対し，開示決定等に係る行政文書または法人文書に記載されている情報の内容を審査会の指定する方法により分類または整理した資料（ウォーン・インデックス）を作成し，審査会に提出するよう求めることができる。ウォーン・インデックスとは，行政文書に記載されている情報と不開示理由とを相互に関係づけている項目別インデックスのことをいい，これにより，争点が整理され，迅速な争訟の解決が期待できる。

なお，諮問をした行政機関の長は，審査会に諮問した旨を不服申立人および参加人に通知し，審査会は諮問に答申したときは，答申書の写しを不服申立人および参加人に送付するとともに，答申の内容を公表するものとする。

Ⅲ 事後の行政手続
(1) 行政不服審査法による不服申立て
(a) 不服申立ての意義

不服申立ては，行政庁の行為を違法または不当とする者が，行政庁に対し，その審査を要求する権利を行使する行為である。不服申立ては，当事者の権利に基づいて行われるという点で自発的行為である行政上の監督と異なり，行政庁が自己の事件を自己審査するという点で正式の裁判とも明確に異なる。また行政不服審査法による不服申立制度は，法律の目的とする簡易迅速な権利利益の救済という機能を十分果たしていない。

通説は，不服申立てと行政訴訟の上位概念として行政争訟という概念を用い，ともに行政救済として位置づけている。行政訴訟が不服申立前置主義をとっている場合には，不服申立てと行政訴訟はいわば一体であって，これを行政争訟として論じる意義があった。しかし，現行法では，不服申立前置主義は原則として廃止されたから，不服申立制度は，これを行政争訟からはずし，行政過程における事後の行政手

続として位置づけるべきである。
  (b) **不服申立ての種類**
  ①　不服申立てには一般法の認めるものと各個別法の認めるものがある。
  ⅰ　一般法たる行政不服審査法の認める不服申立ての種類は，異議申立て・審査請求・再審査請求の3種である。異議申立ては，行政庁の処分または不作為について処分庁または不作為庁に対する不服申立てであり，審査請求は，処分庁または不作為庁以外の行政庁に対する不服申立てであり，再審査請求は，審査請求の裁決を経た後さらに行う不服申立てである。

  ⅱ　ⅰのほかに，各個別法の認める不服申立てがある。それは，特別の手続によるもので，例えば，異議の申出，不服の申出，裁決の申出，決定の申出，審査の申出，再検査の申立または申請，裁定の申請，審決の申請，再審査の申請などがある。

  以下には，個別法の認めるものは省略し，もっぱら一般法の認める不服申立てについてのみ述べる。

  ②　行政不服審査法の認める不服申立ては，その対象により，処分に対する不服申立てと不作為に対する不服申立ての2種に分かれる。

  処分は行政行為に相当し，それには，公権力の行使に当たる事実上の行為で，人の収容，物の留置のような継続的性質を有するものも含まれる。不作為とは，法令に基づく申請に対し相当の期間内に何らかの処分その他公権力の行使に当たる行為をすべきにかかわらず，何らの行為をしないことをいう。不作為を不服申立ての対象にしたのは，事務処理の促進を図り，事務の遅延が国民にとって不利益となることを救済するためである。

(2) **処分に対する不服申立て**
(a) **一般概括主義**

処分に対する不服申立ては，法律により特に除外されたものを除くほか，一切の処分に対してすることができる。行政不服審査法は，従前の訴願法（明治23·10·10）が特に列記した処分についてだけ不服申立てを認めていた（列記主義）のを改め，すべての処分に対して不服申立てを許す原則を立てると同時に，行政庁の特定の処分については例

外として不服申立ての対象から除外することにし，いわゆる一般概括主義を採用した。例外として，不服申立の対象から除外される処分は，ⅰ 行政不服審査法に基づく処分，ⅱ 他の法律に行政不服審査法による不服申立をすることができない旨の定めがある処分，および ⅲ 除外事項として掲げられた11の処分である。

この除外事項として列挙されている11の処分は，ⅰ 慎重な手続によって行われるので不服申立てを認めても，結局は同じ結果になることが予想されるもの，ⅱ 行政不服審査法におけるより慎重な手続によって処分に対する不服が審査されるもの，ⅲ 処分の性質上，行政不服審査法による不服申立を認めるのが適当でないもの，の3つのグループに分けられる。

  (b) **処分に対する不服申立ての方法**

① 審査請求は，次の場合に許される。ⅰ 処分庁に上級庁がある場合（ただし，処分庁が主任の大臣・宮内庁長官・外局または外局に置かれる庁の長である場合を除く。）。この場合，原則として，処分庁の直近上級行政庁に審査請求をする。ⅱ 処分庁に上級行政庁がない場合でも，法律に審査請求ができる旨の定めがある場合。

② 異議申立ては，次の場合に許される。ⅰ 処分庁に上級庁がない場合および処分庁が主任の大臣・宮内庁長官・外局または外局に置かれる庁の長である場合，ⅱ 処分庁に上級庁がない場合でも，法律に異議申立てができる旨の定めがある場合。しかしその場合でも，審査請求が許されるときは，同時に異議申立てもなし得る旨の定めがある場合のほかは，許されない。

③ 異議申立前置主義　1つの処分について審査請求と異議申立てとの双方が認められている場合には，審査請求は原則として異議申立てを経た後になすべきものとし，不服申立制度における異議申立前置主義がとられている。

④ 再審査請求は，次の場合に許される。ⅰ 法律または条例で再審査請求をすることができる旨の規定がある場合，ⅱ 原則として審査請求をなし得る処分が権限の委任に基づいてなされたときに，それに対する審査請求の審査庁が，委任した行政庁であった場合，ⅲ 再審査請求ができる処分について，その権限の委任があった場合。

Ⅲ　事後の行政手続

　行政不服審査法は，審査請求の手続を原則とする審査請求中心主義を採用している。審査請求の手続は，異議申立てについても，その性質に反しない限り，準用される。したがって以下には，審査請求の手続を中心に説明する。

　(c)　**審査請求の請求に関する原則は次の通りである。**

　①　**審査請求期間**　審査請求は請求期間内に限り許される。請求期間を経過すると処分に不可争力が生じ，審査請求をもって処分を争うことができなくなる。請求期間は，処分があったことを知った日の翌日から起算して60日以内，ただし異議申立てを経たときはその決定の日の翌日から起算して30日以内で，かつ処分または決定の日の翌日から1年以内を原則とする。郵送で提出した場合，郵送の日数は算入しない。

　②　**審査請求人および参加人**　審査請求をなし得る者は，行政庁の処分に「不服ある者」であるが，それは請求につき利益を有する者，すなわち処分により直接に自己の権利を侵害された者のほか，事実上の利益を侵害された者であることを要し，誰でも審査請求をすることができるわけではない。審査請求をなし得る者は，処分の相手方でも第三者でも，自然人，法人，法人でない社団・財団でも，良い。多数人が共同して不服申立てをしようとするときは，3人をこえない総代を互選することができる。また，不服申立ては代理人によってもすることができる。

　利害関係人は，審査庁の許可を得て，参加人としてその審査請求に参加することができる。

　③　**審査請求の方式**　審査請求は書面によるが，他の法律に規定のある場合に限り，口頭ですることができる。書面でする場合には，所定の事項を記載した書面（審査請求書）に請求人が押印して，これを審査庁に提出し，口頭でする場合には，審査庁に対し右の事項を陳述し，審査庁がこれを録取して（審査請求録書），請求人に押印せしめる。審査請求は処分庁を経由してすることもできる。その場合には書面の提出または陳述は処分庁に対してなし，これをなしたときに請求があったものとみなされる。

　なお，審査請求が不適法であっても，補正することができるときは，

審査庁は，これを却下することなく，相当の期間を定めて，その補正を命じなければならない。

④ **弁明書・反論書の提出**　請求を受理したときは，審査庁は処分庁に対し弁明書の提出を求めることができ，弁明書に対しては請求人は反論書を提出することができる。審査請求においては口頭弁論は許されないが，弁明書・反論書の形で攻撃・防御をする機会が与えられている。

⑤ **執行不停止の原則**　審査請求は，処分の効力・その執行または手続の続行を妨げない。いわゆる執行不停止の原則が採用されている。この原則について一定の場合に，例外的に執行停止が認められる。

(d) **審査請求の審理に関する原則は次の通りである。**

① **書面審理主義**　審理は書面審理による。とくに口頭審理による旨の定めのある場合のほか，審理は書面（審査請求書または審査請求録書，弁明書，反論書）に基づいて行われる。ただし審査請求人および参加人の申立があったときは，審査庁は，口頭で意見を述べる機会を与えなければならない。

② **証拠書類等の提出**　審査請求人および参加人は，審理において，証拠物件を提出し，参考人の陳述および鑑定，第三者の物件の提出，実地の検証を要求し，検証に立ち会い，処分庁の提出した物件を閲覧する権利を有し，これに対し，行政庁は処分の理由となった事実を証する物件を提出する権利を有する。調査メモが閲覧請求の対象となるかどうかについては，見解の対立がある。

③ **不告不理の原則**　審査請求には不告不理の原則の適用があり，審査庁は請求人の要求の範囲外にわたって審査することは許されない。しかし審査庁は，証拠調べについて，請求人および参加人の申立てに拘束されることなく，職権をもって，参考人の陳述および鑑定を求め，第三者に所持の物件を提出させ，実地の検証を行うなど，いわゆる職権探知の権限を有する。

(e) **審査請求の終了**

① **審査請求の取下げ**　審査請求人は，裁決があるまでは，いつでも審査請求を取り下げることができる。取下げは書面でしなければならない。代理人は，特別の委任を受けた場合に限り，不服申立ての

Ⅲ　事後の行政手続

取下げができる。

② 裁　決　審査請求は，通常，裁決によって終了する。

裁決は，その内容により，却下の裁決・棄却の裁決・認容の裁決の3種に分かれる。

ⅰ　却下の裁決は，審査請求が審査請求期間の経過その他不適法な場合になされるもので，審査請求の内容の審理を拒絶する裁決である。

ⅱ　棄却の裁決は，審査請求が理由のない場合になされる。

ⅲ　認容の裁決は，審査請求が理由のある場合になされる。この場合には，審査庁は処分についてはその全部または一部を取り消し，事実行為については処分庁にその全部または一部の撤廃を命じ，裁決でその旨を宣言する。さらに審査庁が処分庁の上級庁であるときは，審査請求人の不利益にわたらない範囲において，裁決でその処分を変更し，または処分庁にその事実行為を変更すべきことを命じ，その旨の宣言をすることもできる。

ⅳ　**事情裁決**　審査請求が理由ある場合においても，処分を取り消しまたは撤廃することが公共の福祉に適しないときは，審査庁は，裁決をもって処分が違法または不当である旨を宣言して，請求を棄却することができる。これを事情裁決という。

なお，不作為に対する審査請求の認容裁決の場合には，審査庁は，不作為庁に対し速やかに申請に対する何らかの行為をすべきことを命じ，裁決でその旨を宣言する。

③ 理由附記　裁決は書面により，理由を付し，審査庁が記名押印しなければならない。裁決の効力は審査請求人に送達することによって生じる。送達は謄本の送付によるが，それが不可能のときは公示による。

④ 裁決の効力　裁決は，行政行為であるから，一般の行政行為と同じ効力を有する。裁決の効力のうち，ⅰ　拘束力はすべての関係行政庁に及び，また取り消された処分が申請に基づくもので手続の違法が取消しの理由であるとき，および申請を却下または棄却したものであるときは，処分庁は裁決の趣旨に従い改めて申請に対する処分をしなければならない。ⅱ　裁決の執行は，却下および棄却のときは係争の処分の執行により，認容のときは監督庁の監督により行われる。

(3) 不作為に対する不服申立て

① 不作為に対する不服申立てには不服申立期間の制限がない。

② 不服申立てをなし得る者は処分その他の行為を申請した者に限る。

③ 不服申立方法は，不作為庁が主任の大臣・宮内庁長官・外局または外局に置かれる庁の長である場合には異議申立てであるが，その他の場合には異議申立てまたは不作為庁の直近上級庁に対する審査請求の自由選択主義がとられている。すべて書面をもって直接することを要し，口頭をもってし，または不作為庁を通じてすることは許されない。

④ 上の不服申立てのうち，ⅰ 異議申立てに対しては，これを却下する場合のほか，申立ての翌日から20日以内に申請に対する何らかの行為をするか，または書面により不作為の理由を示すことを要する。前者は認容に当たり，後者は棄却に当たる。ⅱ 審査請求に対しては，これを却下または棄却する場合のほか，不作為庁に対し申請に対する何らかの行為をなすことを命じ，裁決をもってその旨を宣言する。

⑤ 以上のほか，その手続は処分に対する不服申立ての手続に準ずる。

(4) 教示制度

① 教示制度は，不服申立制度および行政組織が複雑であるため，国民が不服申立制度を利用することを容易にするためにに設けられたもので，行政庁に対し，不服申立てができるかどうか，どの行政庁に対し申立てをすべきか，および何時までに申立てができるかを，教示する義務を課し，それに違反した場合や教示をしなかった場合に，当事者が不利益を受けないように，一定の救済を与えることを内容とするものである。

② 教示義務は次の場合に認められている。

ⅰ 行政庁は，不服申立てをすることができる処分を書面でする場合には，処分の相手方に対し，不服申立てをすることができる旨，不服申立てをすべき行政庁および不服申立期間を教示しなければならず，また利害関係人から不服申立てにつき教示を求められた場合にも，そ

の3点を教示しなければならない。教示を求めた者が、書面による教示を求めたときは、書面で教示しなければならない。

ⅱ 処分庁は、異議申立ての決定を行う場合には、処分が審査請求をすることもできるものであるときは、上の3点を決定書に記載して教示しなければならない。

ⅲ 審査庁は、審査請求の裁決を行う場合に、それに対し再審査請求が許されているときは、上の3点を裁決書に記載して教示しなければならない。再審査請求の裁決を行う場合に、それに対しさらに再審査請求が許されているときも、同様である。

(5) 行政審判

(a) 概念

行政審判とは、行政委員会またはこれに準ずる行政機関が司法手続に準ずる手続（準司法手続）を経て行う審判を意味する。このような審判の制度は戦後アメリカの行政委員会の制度とともに導入されたものであるが、一般的な制度として発達したわけではない。これとは別に、戦前からあった特許審判および海難審判も行政審判に含められる。

(b) 種類

行政審判は、その機能の違いにより、2種のものに区別することができる。

1つは、当事者間の紛争解決のための審判で、行政処分に対する不服の審査として行われる事後的救済手続である。公務員に対する不利益処分について人事院または人事委員会等の行う公平審査、特許法の定める審判、鉱業法等による処分に対する不服について公害等調整委員会の行う裁定、電波法に基づく総務大臣の処分に対する異議申立てにつき電波管理審議会の行う聴聞などがある。また、私人間の紛争の裁断として行われるものに、労働委員会が行う不当労働行為の救済命令手続や公害紛争処理法に基づく公害等調整委員会による責任裁定・原因裁定の手続がある。

もう1つは、第一次的行政権行使の発動に対して行われる事前手続としての行政審判である。公安審査委員会の破壊活動防止法による決定手続、電波監理審議会の電波法上の不利益処分（免許取消し処分等）などがこれである。

(c) 特　色

行政審判は統一的な制度として形成されているわけではない。国家公務員法の公平審査と公正取引委員会の準司法権限を例として，行政審判の主要な特色を挙げると，次の通りである。

①　行政審判の審判機関は，他の行政機関から独立して職権を行使するが，職権行使の独立性を実質的に保障するため，構成員の身分保障が定められる。

②　公開の口頭審理の機会が法律上保障され，準司法的手続がとられている。しかし口頭審理だけでは準司法的手続の性格をもつとはいえない。

③　行政審判の一部が行政委員会とは別の職員，すなわち審判官ないし審理官によって行われることがある。公正取引委員会では内部的に訴追機能と審判機能が分離される。

④　審判に対する取消訴訟の審理との関係で，実質的証拠の法則が定められることがある。公正取引委員会が認定した事実は，これを立証する実質的証拠があるときは裁判所を拘束する。これを実質的証拠の法則という。実質的証拠の法則が認められると，審判取消訴訟の段階で新たな証拠の提出は制限される。

⑤　行政審判が取消訴訟の強制的な前置手続となっていることがある。公務員の不利益処分に対する取消訴訟は，審査請求または異議申立て（公平審査という）に対する裁決または決定を経た後でなければ提起することができない。また独禁法上の不況対抗共同行為および合理化共同行為の認可の取消しの訴えは，その処分についての異議申立てに対する決定を経た後でなければ，提起することができない。

(6) 苦情処理制度

苦情処理は，行政上の苦情について，その申出を受理し，斡旋・勧告等必要な措置をとることをいう。複雑な手続と日時を必要とせず，私人の日常的苦情を敏速に処理する点に意義がある。苦情処理のための国の機関として，総務庁行政監察局・管区行政監察局（行政相談課），行政相談委員，法務省法務局人権相談所・人権相談委員があり，地方公共団体の機関として，公害苦情相談員や市民相談室などがある。

第8章　行政に対する国民の法的対抗手段

Ⅰ　行政訴訟の観念

(1)　行政訴訟の意義

　行政訴訟または行政事件訴訟とは，裁判所が，正式の訴訟手続により，行政上の法的紛争を裁判する行為をいう。行政訴訟の要点は，第1に，当事者が口頭弁論の権利を有することであり，第2に，法的紛争を裁判する機関が政府から独立の地位を保障されていることである。この点において，不服申立てとは本質的に異なる。

　行政訴訟制度は法律による行政の原理の当然の結果である。法律による行政の原理は，行政活動が法律に違反してなされたときは，その効力を失わしめることを要求する。すなわち，行政活動は法的にコントロールされなければならない。法的コントロールは，違法な行政活動によって，自己の権利利益を侵害されたとする者に，これを争わしめ，裁判所がその裁断に当たるという訴訟の方式によって，実効的に行うことができる。このような裁判所による行政活動の法的コントロールの制度は，国民の権利保護を保障することを目的とし，法律による行政の原理を担保するための必要不可欠の制度である。実効的な権利保護を確保できない国家は，実質的に，法治国家というに値しないといえよう。

(2)　行政訴訟の種類

　行政訴訟は，その形態から，いろいろの種類に分類される。

　判決の種類により，形成訴訟，給付訴訟および確認訴訟に分類される。

　① 形成訴訟　形成訴訟は裁判所による法状態の形成（形成・変更・破毀）を目的とする。行政訴訟では形成訴訟としての取消訴訟が古典的類型である。取消訴訟は，主として侵害行政をその適用領域とし，個人に対する侵害的行政行為をその対象とする。

　② 給付訴訟　給付訴訟は被告行政庁に対し給付を命ずることを目的とする訴訟である。行政行為の発布を求める義務付け訴訟がこ

れに属する。例えば，建築許可・営業許可の付与を求め，あるいは第三者に対する行政介入や権力発動を求める訴訟がこれに当たる。その適用領域は主として給付行政であるが，侵害行政・環境行政の領域でも活用できる。

　③　**確認訴訟**　確認訴訟は法律関係の存在の確認（積極的確認訴訟）または不存在の確認（消極的確認訴訟）を求める訴訟である。確認訴訟の典型的なものに行政行為の無効確認訴訟があり，確認訴訟の特殊なものとして，不作為の違法確認訴訟と規範統制訴訟がある。

　原告からみて，主観的訴訟と客観的訴訟とに分けることができる。

　①　**主観的訴訟**　主観的訴訟は，主観的な個人の権利・利益の保護を目的とする訴訟である。抗告訴訟と当事者訴訟が主観的訴訟である。

　②　**客観的訴訟**　客観的訴訟は，客観的な行政の適法性の確保を目的とする訴訟で，法律上の利益の有無にかかわらず，誰でも提起できる民衆訴訟や行政機関が行政機関の資格において提起する機関訴訟が，客観的訴訟である。

(3)　わが国における行政訴訟

　行政事件訴訟法（以下，行訴法という）は行政訴訟に関する一般法である。行訴法は，行政訴訟を「行政事件訴訟」と呼び，「行政事件訴訟とは，抗告訴訟，当事者訴訟，民衆訴訟及び機関訴訟をいう」と定義した。

(a)　抗告訴訟

　抗告訴訟とは，行政庁の公権力の行使に関する不服の訴訟をいう。抗告訴訟は，その内容により，取消訴訟と確認訴訟および給付訴訟に分かれるが，行訴法は，取消訴訟を処分の取消しの訴えと裁決の取消しの訴えとに分け，確認訴訟を無効等確認の訴えと不作為の違法確認の訴えとに分け，給付訴訟を義務付けの訴えと差止の訴えに分けている。

　①　**取消訴訟**　ⅰ　処分の取消しの訴えは，行政庁の処分および公権力の行使に当たる事実行為の取消しを求める訴訟をいう。ⅱ　裁決の取消しの訴えは，裁決，すなわち不服申立てに対する行政庁の裁決，決定その他の行為の取消しを求める訴訟をいう。

行訴法は，処分の取消しの訴えと裁決の取消しの訴えを区別し，原処分の違法は処分の取しの訴えによってのみ主張できるとし，裁決の取消しの訴えにおいては，裁決固有の違法（裁決の主体・手続・形式に関する違法，裁決によって新たに生じた第三者の権利侵害等）のみを主張することができ，原処分の違法は主張できないとした。これを原処分主義という。したがって，原処分の違法のみを理由とする裁決の取消しの訴えは棄却される。

　② **確認訴訟**　ⅰ 無効等確認の訴えは，処分または裁決につき，その存否またはその効力の有無の確認を求める訴訟をいう。ⅱ 不作為の違法確認の訴えは，法令に基づく申請に対し相当の期間内に何らの処分または裁決をしないことにつき，その違法の確認を求める訴訟をいう。

　③ **給付訴訟**　ⅰ 義務付けの訴えは，行政庁がその処分または裁決をすべき旨を命ずることを求める訴訟をいう。義務付けの訴えには，許・認可等の申請権が認められていない場合の直接型義務付け訴訟と許可認可等の申請権が認められ，それが行使されている場合の申請型義務付け訴訟とがあり，さらに申請型義務付け訴訟には許・認可等の申請を拒否された場合の拒否型と申請に対して何らの処分もなされない放置型とがある。

　ⅱ 差止めの訴えは，行政庁が一定の処分または裁決をすべきでないにかかわらずこれがされようとしている場合に，行政庁がその処分または裁決をしてはならない旨を命ずることを求める訴訟をいう。

(b) **当事者訴訟**

　当事者訴訟は，公権力の行使に関する不服を直接の目的とするのではなく，相対立する当事者間における公法上の権利関係に関する訴訟である。行訴法は当事者訴訟を2つに分類している。

　① **形式的当事者訴訟**　形式的当事者訴訟とは，当事者間の法律関係を確認・形成する処分または裁決に関する訴訟で，法令の規定により，法律関係の一方の当事者を被告とするものをいう。損失補償に関する訴訟がこれに当たる。

　② **実質的当事者訴訟**　実質的当事者訴訟とは，行訴法が公法上の法律関係に関する確認の訴えその他の公法上の法律関係に関する訴

訟というもので，相対立する当事者間に真の意味の法律上の争訟がある場合で，その性質は民事訴訟と同じものである。例えば，公務員の地位確認訴訟や給与支払請求訴訟などがある。

(c) **民衆訴訟および機関訴訟**

民衆訴訟とは，国または公共団体の機関の法規に適合しない行為の是正を求める訴訟で，自己の法律上の利益にかかわらない資格で提起するものをいう。機関訴訟とは，国または公共団体の機関相互間における権限の存否またはその行使に関する紛争についての訴訟をいう。

民衆訴訟および機関訴訟は，法律の定める場合において，法律の定める者に限り，提起することができる。民衆訴訟および機関訴訟として，どのようなものが認められるかは，各個別の法律の規定による（民衆訴訟の例——選挙無効および当選無効訴訟，最高裁判所裁判官国民審査無効訴訟，住民訴訟。機関訴訟の例——普通地方公共団体の議会と長との間の権限の紛争に関する訴訟，普通地方公共団体に対する国または都道府県の関与に関する訴訟）。

① **住民訴訟**　地方公共団体の住民は，その長・委員会・委員・職員の違法もしくは不当な公金の支出等があると認められるときは，住民監査請求をすることができるが，監査の結果等に不服がある場合，監査請求をした住民は，訴訟をもって，違法行為の差止め，取消し等やその地方公共団体への損害賠償等を請求することができる。これが住民訴訟である。住民訴訟は，地方公共団体の執行機関の財務会計上の非違を是正し，財務管理の腐敗を防止することを目的として設けられた訴訟である。住民訴訟のうち，地方公共団体に代わって損害賠償を請求するものを4号請求といい，最も多く問題となる。4号請求では，長個人が莫大な損害賠償を請求される可能性があるとともに，他方では，広く地方公共団体の執行機関の違法行為ひいては行政の在り方を間接的にコントロールすることのできる訴訟という機能も果たしている。

② **国の関与に関する訴え**　「国の関与に関する訴え」は，機関委任事務の廃止に伴い，従来の職務執行命令訴訟に代わるものとして設けられた。すなわち，地方公共団体に対する国の関与に不服がある場合に，その地方公共団体の長その他の執行機関は，国地方係争処理

委員会に審査を申し出ることができる。国地方係争処理委員会の審査を経た後に，地方公共団体の長その他の執行機関は，その審査の申出の相手方となった行政庁を被告として，高等裁判所に対し，国の関与の取消しまたは国の不作為の違法の確認を求める訴えを提起することができる。また，都道府県の関与に関する訴えも，国の関与に関する訴えと同様である。

(4) 概括主義

いかなる事項について行政訴訟を開始できるか。法律は，行政訴訟の許容性について，概括主義の方法により，あるいは列記主義の方法により，これを定めるのが通例である。概括主義は，一切の行政法上の争訟について出訴を許すという原則を立て，例外として訴訟を許さない事項を列挙する方法であり，列記主義は，訴訟を許す事項を列挙し，それ以外は訴訟を許さないとする方法である。行訴法はこの点について何らの規定も置いていない。しかし，日本国憲法のもとでは，何人も裁判を受ける権利を奪われず，一切の法律上の争訟は裁判所の管轄に属する旨の裁判所法の規定の趣旨からみて，法律上の争訟に当たらない場合を除き，行政活動の行為形式，内容のいかんを問わず，すべて訴訟が許されるものと解される。要するに，日本国憲法は，法治国原理に基づき，行政活動に対する個人の欠缺なき権利保護システムを要請するものであり，したがって，この要請に対する当然の結果として従前の列記主義が廃止され，実質的に，行政法上の権利保護についての概括主義が採用されたということができよう。

権利保護についての概括主義の原則に従えば，行政上の法的紛争については，適切な訴訟類型が用意されていなければならない。しかし現実に，原告が選択した訴訟類型が誤りであった場合，訴えは不適法として却下され，実質的には裁判が拒絶されたような結果が生じる。権利保護についての概括主義は，許されない訴訟類型を選択したことを理由に，権利保護を拒絶してならないことを意味する。裁判所は，原告が誤った訴訟類型を選択したときは，適法な訴訟類型を指示すべきであろう。

(5) 法律上の争訟

裁判所法は，「裁判所は，日本国憲法に特別の定めのある場合を除

いて一切の法律上の争訟を裁判……する」と規定している。法律上の争訟とは，当事者間に具体的な権利義務ないし法律関係の存否に関する紛争があり，具体的な法令を適用することによって終局的に解決が可能な事件をいう。行政事件訴訟は，このような法律上の争訟の観念を前提にしている。したがって，通説・判例は，行政訴訟による権利保護については，次のような限界・制限があるものとしている。

① 具体的権利義務に関係なく，抽象的に法令の効力を争う訴訟は認められない（最判昭27·10·8民集6巻9号783頁＝警察予備隊事件）。

② 学術上，科学技術上の問題そのものに関する訴訟は，法律上の争訟ではない（最判昭41·2·8民集20巻2号196頁＝国家試験合否判定事件）。しかし，科学技術上の問題であっても，例えば原子力法上の危険・支障といった行政決定の基準となる概念やその認定の手続は，法律問題したがって訴訟の対象となりうる問題である。

③ 高度の政治性のある行為はいわゆる統治行為であって，有効・無効の判断が可能である場合でも，裁判所の審査権は及ばない（最判昭35·6·8民集14巻7号1206頁＝衆議院解散事件）。

④ 政治的・経済的政策の当否を争うものは，法律の適用によって解決できる紛争ではないから，法律上の争訟ではない（最判昭57·7·15判時10537号9頁＝郵便貯金目減り訴訟判決）。

⑤ 特殊な部分的秩序の内部問題は法律上の争訟ではない（最判昭52·3·15民集31巻2号234頁＝富山大単位不認定事件）。

⑥ 宗教的価値ないし教義に関する争いは法律上の争訟ではない（最判昭56·4·7民集35巻3号443頁＝板まんだら事件）。

⑦ 国または地方公共団体が，財産権の主体としてではなく，専ら行政権の主体として国民に対して行政上の義務の履行を求める訴訟は，法律上の争訟ではなく，法律に特別の規定がある場合に限り提起できる（最判平14·7·9民集56巻6号1134頁＝宝塚市パチンコ店規制条例事件）。

II 取消訴訟
(1) 取消訴訟の許容性
(a) 取消訴訟の意義

取消訴訟の典型的なものは侵害的な行政処分の名宛人が提起する

訴訟である。しかし近年は，第三者が自己にとって侵害的で名宛人にとって授益的な行政処分の取消しを求めて提起する第三者取消訴訟が注目されている（例えば，原発の設置許可に対して周辺住民の提起する取消訴訟）。取消訴訟は行政事件訴訟の中心的な地位を占めており，事件の数も最も多い。平成22年における地方裁判所の取消訴訟の新受件数は1,525件で，行政訴訟事件の総数2,213件のうち68.9パーセントを占めている。

取消訴訟の目的は何か。原告は，取消訴訟において何を求めているか。通説は，取消訴訟の訴訟物を行政行為の違法性一般であるとする。このような考え方は，国民の権利保護よりも，行政処分の客観的法コントロールを重視するものである。取消訴訟は，違法な行政処分により国民の権利が侵害された場合に，国民の権利を保護することを目的とする訴訟であるというべきである。

(b) **取消訴訟の対象**

取消訴訟の対象は行政処分である。ある行政活動が行政処分であるというためには，行政庁，規律・法的効果，公権力性，外部的効果および具体的ケース（事件性）という5つのメルクマールが存在しなければならない（本書58頁を見よ）。取消しを求められた行政活動が行政処分でないときは，取消訴訟は許されない。いわゆる形式的行政処分も行政処分である。形式的行政処分とは，具体的場合の行政庁の規制が私法上の法律関係に関するものであるが，訴訟手続上，行政処分と見なすものをいう（例，補助金の交付決定）。

最高裁は，取消訴訟の対象となる行政庁の処分を，「公権力の主体たる国または公共団体が行う行為のうち，その行為によって直接国民の権利義務を形成しまたはその範囲を確定することが法律上認められるものをいう」と定義し（最判昭39・10・29民集18巻8号1809頁＝東京都ごみ焼却場設置事件），公権力性と直接的な法的効果の発生という2つの要素を重要な基準として，処分性を判定している。

処分性に関する主な最高裁判例は次の通りである。

① 処分性を認めたもの。

供託物取戻請求に対する供託官の却下（最判昭45・7・15民集24巻7号771頁）。現業国家公務員に対する不利益処分（最判昭49・7・1民集28巻5

号897頁)。国立大学学生退学処分（最判昭29·7·30民集8巻7号1463頁)。国立大学専攻科修了認定行為（最判昭52·3·15民集31巻2号280頁)。勧告の拒否（最判昭36·3·28民集15巻3号595頁)。関税定率法21条3項に基づく税関長の通知（最判昭59·12·12民集28巻12号1308頁＝札幌税関検閲訴訟，最判昭54・12・25民集33巻7号753頁＝ポルノ税関検閲事件)。国税通則法57条に基づく充当（最判平6·4·19時715月1523号94頁)。土地区画整理組合設立認可（最判昭60·12·17民集39巻8号1821頁)。市町村営土地改良事業施行認可（最判昭61·2·13民集40巻1号1頁)。大阪阿倍野第二種市街地再開発事業計画の決定（最判平4·11·26民集46巻8号2658頁)。特定の市立保育所を廃止する条例の制定行為（最判平18·7·14民集60巻6号2369頁)。特定行政庁が建築基準法42条2項に基づいて行う2項道路の指定（最判平14·1·17民集56巻1号1頁)，市町村が施行する土地区画整理事業の事業計画の決定（最判平20・9・10民集62巻8号2029頁＝判例変更)。

② 処分性を否認したもの。処分性が争われたケースでは，処分性を否認した判例が圧倒的に多い。

ⅰ 私法行為であるというもの（⇔公権力性)。 ごみ焼却場設置行為（最判昭39·10·29民集18巻8号1809頁)。

ⅱ 事実行為であるというもの（⇔規律・法的効果)。 海難審判庁の原因解明裁決（最判昭36·3·15民集15巻3号467頁)。知事による保険医に対する戒告（最判昭38·6·4民集17巻5号670頁)。農地法80条〔現47条〕に基づく農地の売払い（最判昭46·1·20民集25巻1号1頁)・国有財産法の普通財産の払下げ（最判昭35·7·12民集14巻9号1744頁)・公務員の採用内定の通知（最判昭57·5·27民集36巻5号777頁)。関税法138条による通告処分（最判昭47·4·20民集26巻3号507頁)。土地区画整理法20条による意見書の不採択通知（最判昭52·12·23判時874号34頁)。道交法127条による反則金納付通告（最判昭57·7·15民集36巻6号1169頁)。「中学校生徒心得」の定め（最判平8·2·22判時1560号72頁)。歩道橋建設工事（東京高判昭49·4·30高民集27巻3号136頁＝国立歩道橋事件)。

ⅲ 内部的行為（⇔外部の効果)。 墓地・埋葬等に関する通達（最判昭43·12·24民集22巻13号3147頁)。建築許可に関する消防長の同意（最判昭43·1·29民集13巻1号32頁)。運輸大臣が日本鉄道建設公団に対し

て行った成田新幹線工事実施計画の認可（最判昭53・12・8民集32巻9号1617頁）。

ⅳ 紛争の成熟性を欠く場合または一般的・抽象的規律であるというもの（⇔具体的ケース・事件性）。禁猟区の設定（最判昭40・11・19判時430号24頁）。土地区画整理事業計画（最判昭41・2・23民集20巻2号271頁＝高円寺青写真訴訟）。都市計画法上の用途地域指定（最判昭57・4・22民集36巻4号705頁＝完結型計画・盛岡用途地域指定事件）。道路に関する都市計画変更決定（最判昭62・9・22判時1285号25頁＝青写真論）。

(c) **原告適格**

① 法律の規定

原告適格とは行政処分の取消しを求めて出訴することのできる資格をいう。行訴法は，取消訴訟の原告適格について，取消訴訟は「当該処分又は裁決の取消しを求めるにつき法律上の利益を有する者……に限り，提起することができる」と規定した。この規定の目的は，主として民衆訴訟を排除することである。すなわち，自己の法律上の利益と関係のない行政活動の違法性一般を主張して取消訴訟を提起することはできない。

原告適格は訴訟要件に関する問題であり，実体法と訴訟法を繋ぐ
蝶番_{ちょうつがい}である。それは ⅰ 権利（法律上の利益）があること，ⅱ その権利（法律上の利益）が原告に帰属すること，および ⅲ 権利（法律上の利益）の侵害またはその可能性があること，という3要素から成っている。ⅰ，ⅱは原告適格の実体法的側面，ⅲは原告適格の訴訟法的側面である。

明治憲法のもとでは，取消訴訟の原告適格を有する者は，行政庁ノ違法処分ニ関スル件（明治23年法律106号）において，「行政庁ノ違法処分ニ由リ権利ヲ毀損セラレタリトスル者」と規定され，原告の権利の存在とその権利毀損の主張という要件を必要とした。すなわち，原告が「権利」を有するか否かの問題は本案で審理すべき問題であり，訴訟要件（原告適格）としては権利毀損の「主張」で十分であるとした。これに対し日本国憲法のもとにおける行訴法では，原告適格を有する者を「法律上の利益を有する者」に限定した。

② 法律上の利益

最高裁判例は,「法律上の利益がある者」とは,「当該処分により自己の権利若しくは法律上保護された利益を侵害され又は必然的に侵害されるおそれのある者」をいうと判示している（最判昭53・3・14民集32巻2号211頁＝主婦連ジュース訴訟,最判平元・2・17民集43巻2号56頁＝新潟空港訴訟など）。

原告を名宛人とする侵害処分の場合は,原告適格は行政処分の名宛人としての原告の地位から当然生じる。侵害処分による禁止または命令には常に,権利ないし法律上の利益の侵害のおそれがある。原告が侵害処分の名宛人である場合,原告適格に問題はない。しかし困難なのは,隣人訴訟,環境訴訟および競業者訴訟などの,いわゆる第三者取消訴訟の場合である。この場合,行政処分の違法性だけでは十分でなく,第三者がまさに自己の権利ないし法律上の利益を侵害され,または侵害されるおそれがなければならない。

第三者の原告適格の判定基準については2つの見解が対立している。

法律上保護された利益説によれば,権利または法律上の利益を承認できるためには,その処分を定めた行政法規が,一般的公益の保護だけでなく,個人の個別的利益をも保護する趣旨をも含む場合でなければならない。行政法規が,もっぱら一般的利益または公益の保護を目的とする場合は,法の反射的利益が生じるにすぎない。法の反射的利益も事実上個人的利益に役立つ。しかし,法的に保護されていない純粋に経済的,政治的,文化的,またはその他の事実上の利益は十分でない。一定の範囲の人について,法的に保護され強化された利益でなければならない。

これに対し,法律上保護に値する利益説は,「法律上の利益」を裁判上保護に値する具体的個人的利益と解し,行政処分により直接かつ重大な損害を被った場合には,それが事実上の利益であっても,原告適格を認めるべきであるとしている。

行訴法9条の解釈論としては,当然ながら,法律上保護された利益説が正しい。

③ 解釈基準

第三者の原告適格の有無についての判断は,行政処分の根拠規定の

意義・内容だけではなく，その目的・趣旨さらに関連する法律の諸規定，特に基本的人権を考慮しなければならない。とりわけ，法律違反の場合の侵害の強度および重大性等が重要である。その場合，保護されている法益の内容・性質・侵害の種類および保護されている人の範囲が十分明らかにされ確定されることが必要である。

行訴法9条2項は，取消訴訟の原告適格に関する解釈指針として，①行政処分の根拠法令の趣旨・目的を考慮すること，②その処分において考慮されるべき利益の内容および性質を考慮すること，③その法令と目的を共通にする関係法令の趣旨・目的を参酌すること，④違法処分により害されることとなった利益の内容および，性質ならびにこれが害される態様および程度を勘案すること，の4つの必要的考慮事項を規定した。しかし例えば，基本的人権を含む権利保護の具体化ないし強化といった解釈指針の方向付けがない。原告適格の範囲は，それが民衆訴訟とならないところまで拡大すべきである。したがって，判例理論の「侵害又は侵害の必然性」から「侵害又は侵害の可能性」へと方向付けられなければならない。そもそも解釈基準の定立は学説・判例に委ねるべきで，立法者が介入すべき問題ではないといえよう。

④ 判 例 理 論

総じて判例理論は，法律上保護された利益説から，法律上保護された利益説と法律上保護に値する利益説との総合説にシフトしたということができる。

取消訴訟の原告適格に関する最高裁判例の主なものは次の通りである。

ⅰ 取消訴訟の原告適格を認めたケース

公衆浴場業距離制限事件（最判昭37・1・19民集16巻1号57頁）。長沼ナイキ基地事件（最判昭57・9・9民集36巻9号1679頁）。第三者に対する放送局開設予備免許を競願関係にある者が争った事件（最判昭43・12・24民集22巻13号3254頁東京12チャンネル事件）。新潟空港事件（最判平元・2・17民集43巻2号56頁）。伊方原発訴訟，もんじゅ訴訟（最判平4・10・29民集46巻7号1174頁，最判平4・9・22民集46巻6号571頁）。診療所等の施設を設置する者が風俗営業の許可を争った事件（最判平6・9・27判時1518号

10頁)。都市計画法の開発許可について開発区域住民が争った事件（最判平9·1·28民集51巻1号250頁）。総合設計許可について日照を阻害される建築物の居住者が争った事件（最判平14·3·28民集56巻3号613頁。）都市計画事業の認可処分を周辺住民のうち騒音，振動等により直接著しい被害を受ける者が争った事件（最判平17·12·7民集59巻10号2645頁＝小田急高架化訴訟）。

ⅱ 取消訴訟の原告適格を否認したケース

既存の質屋が第三者に対する営業許可を争った事件（最判昭34·8·18民集13巻10号1286頁）。町名変更決定を区域住民が争った事件（最判昭48·1·19民集27巻1号1頁）。果汁製造業者に対する競争規約の認可を消費者団体が争った事件（最判昭53·3·14民集32巻2号211頁）。公有水面埋立免許を周辺住民が争った事件（最判昭60·12·17判時1179号56頁＝伊達火力発電所事件）。鉄道の料金改定の認可処分を鉄道利用者が争った事件（最判平元·4·13判時1313号121頁＝近鉄特急事件）。文化財指定解除処分を周辺住民が争った事件（最判平元·6·20判時1334号201頁＝伊場遺跡事件）。近隣住民が住宅集合地域においてなされた風俗営業の許可処分を争った事件（最判平10·12·17民集52巻9号1821頁）。墓地等の周辺に居住する者が墓地経営の許可処分を争った事件（最判平12·3·17判時1708号62頁）。周辺住民等が自転車競技法に基づく場外車券発売施設の設置許可処分を争った事件（最判平21·10·15民集63巻8号1711頁）。

⑤ 団体訴訟

団体が団体として自己の権利を侵害されたとする取消訴訟が許容されることについては問題がない。問題は，消費者団体や住民団体などが，団体のメンバーでない第三者の権利または一般的利益を主張する場合で，これがいわゆる利他的団体訴訟である。利他的団体訴訟は原則として許されない（ボーリング場の建築確認につき近隣住民の結成する自治会等の提起した取消訴訟につき，東京地判昭48·11·6行集24巻11＝12号1191頁，分校存置対策委員会の提起した分校廃止処分不存在確認訴訟につき，仙台高判昭46·3·2行集22巻3号297頁など）。

(d) 狭義の訴えの利益

行政庁の行為が処分性を有し，原告適格が認められる場合でも，その行政処分を取り消す必要，すなわち権利保護の必要がなければ訴え

は却下される。行政処分が消滅・失効した場合は，通常，訴えの利益を失い，訴訟を続ける意味がなくなり，無益の権利保護となる。しかし処分の取消しを求めなければ回復できない権利・利益が残存する限り，訴えの利益は失われないと解することができる。これを処分性，原告適格を除いた狭義の訴えの利益という。

行訴法9条は，カッコ書きで（処分又は裁決の効果が期間の経過その他の理由によりなくなった後においてもなお処分又は裁決の取消しによって回復すべき法律上の利益を有する者）について，訴えの利益を認めている。

狭義の訴えの利益に関する具体例をあげておこう。

① **特定日または一定の期間の経過**　メーデーのための皇居外苑使用許可申請に対する拒否処分の取消しを求める訴えは，同日［昭和27年5月1日］の経過により判決を求める法律上の利益を喪失したものといわなければならない（最判昭28・12・23民集7巻13号1561頁）。自動車運転免許の取消処分の取消しを求める訴訟の係属中，その運転免許証の有効期間が経過した場合でも，免許処分が取り消されれば更新手続をとりうるから，訴えの利益は失われない（最判昭40・8・2民集19巻6号1393頁）。宅地建物取引業者の業務停止処分について，業務停止処分期間が満了すると，その取消しを求める訴えの利益は消滅する（最判昭55・1・25判時1008号136頁）。

② **事業・工事等の完了**　建築確認は，その工事が完了した場合においては，建築確認の取消しを求める訴えの利益は失われる（最判昭59・10・26民集38巻10号1169頁＝仙台市建築確認事件，最判平5・9・10民集47巻7号4955頁，最判平7・11・9判時151号64頁）。土地改良事業の工事および換地処分が完了して原状回復が社会的，経済的損失の観点からみて，社会通念上，不可能であるとしても，そのような事情は，行訴法31条の適用に関して考慮されるべき事柄であるから，土地改良事業の施工の認可処分の取消しを求める法律上の利益は消滅しない（最判平4・1・24民集46巻1号54頁＝八鹿町土地改良事件）。

③ **退職・任期満了・死亡等による地位の喪失・剥奪等**　免職処分を受けた公務員が公職に立候補した場合，公職選挙法90条の規定により公務員たる地位を回復できなくなるが，給与請求権その他の権

利,利益を回復するために,なお取消しを求める利益がある(最判昭40・4・28民集19巻3号721頁＝名古屋郵便局職員免職処分取消請求事件)。生活保護法に基づく保護変更決定の取消しを求める利益は,原告の死亡によって消滅する(最判昭42・5・24民集21巻5号1024頁＝朝日訴訟)。特定の保育所で保育を受けている児童および保護者が,その保育所を廃止する条例の制定行為の取消しを求める訴えの利益は,保育所の実施期間の満了によって失われる(最判平21・11・26民集63巻9号2124頁)。

④ **法令等の改廃**　学習指導要領が改正された場合には,旧要領の下でなされた改訂検定不合格処分の取消しを求める利益は原則として消滅する(最判昭57・4・8民集36巻4号594頁)。旅館建築同意制度を定めた条例が廃止された場合は,旅館建築同意申請に対する不同意処分の取消しを求める訴えの利益は消滅する(最判昭60・6・6判例地方自治16号60頁)。

⑤ **利益侵害の解消**　保安林指定解除処分の取消しを求める利益は,いわゆる代替施設の設置により洪水や渇水の危険が解消されると認められるときに消滅する(最判昭57・9・9民集36巻9号1679頁＝長沼ナイキ基地訴訟)。

⑥ **行政処分の撤回等**　更正処分がなされた後これを増額する再更正処分がされたことにより,当初の更正処分の取消しを求める訴えの利益は失われる(最判昭55・11・25判時1001号31頁)。減額する再更正処分の場合,当初の更正処分の取消しを求める訴えの利益は消滅しない(最判昭56・4・24民集35巻3号672頁)。

⑦ **そ の 他**　再入国の許可申請に対する不許可処分を受けた者がを出国した場合には,不許可処分の取消しを求める利益は失われる(最判平10・4・10民集52巻3号677頁)。

国家賠償請求訴訟では,あらかじめ処分の取消判決・無効確認判決を得ていなくとも,処分の違法を判断できる。したがって国家賠償請求の前提として,取消訴訟・無効確認訴訟を提起する利益はない(最判昭36・4・21民集15巻4号850頁)。

(e) **その他の許容要件**

① **不服申立前置**　明治憲法下の行政裁判法および日本国憲法の下の行政事件訴訟特例法は,訴願前置主義をとっていた。すなわち,

Ⅱ　取消訴訟

行政処分に対し，まず行政不服申立（訴願）を提起させ，これに対する裁決を経なければ，行政事件訴訟の提起を認めなかった。これに対し現行法は，自由選択主義を採用した。処分の取消しの訴えは，その処分につき法令の規定により審査請求をすることができる場合においても，直ちに提起することを妨げない。

自由選択主義の例外として，法律に不服申立てに対する裁決を経た後でなければ取消訴訟を提起できない旨の定めがある場合は，不服申立てを経ることが必要である。

不服申立（審査請求）前置を採用しているのは，ⅰ　国税・地方税に関する処分など大量に行われる処分で，不服審査により行政の統一や裁判所の負担軽減を図る必要のあるもの，ⅱ　外国為替および外国貿易管理に関する処分など専門技術的処分で，専門家により事実関係や争点を明確にする必要があるもの，ⅲ　公務員に対する不利益処分に関する公平審査など準司法的行政機関が設置され，不服申立てに対する裁決が第三者機関によって行われるもの，などである。

ただし，審査請求前置をとっている場合でも，審査請求の日から3月以内に裁決がないとき，処分・その執行または手続の続行による著しい損害を避けるため緊急の必要があるとき，その他正当な理由があるときは，審査請求を経ることなく，直ちに訴訟を提起することができる。

②　**出　訴　期　間**　取消訴訟は，一定の出訴期間内に提起しなければならない。出訴期間を経過すれば，処分は，無効でない限り，不可争力を生じる。取消訴訟の対象は行政処分であり，行政処分を長く未確定の状態におくことは好ましくないという行政上の便宜のため，訴訟によって争うことのできる期間が限られている。行訴法によれば，出訴期間は，原則として処分または裁決があったことを知った日から3か月以内で，かつ，原告の知・不知にかかわらず，処分または裁決の日から1年以内である。

③　**管　轄**　行政事件訴訟は，特別法で高等裁判所を第一審裁判所と定めている場合を除き，地方裁判所が第一審管轄裁判所である。簡易裁判所は管轄権を有しない。

(f) 教　示

取消訴訟の訴訟要件の存否は，国民にとって，明確であるとはいい難い。そこで，行訴法は，国民の権利利益の救済の機会を確保するために，取消訴訟にも教示制度を導入した。

次のような場合に教示が必要である。

行政庁は，取消訴訟を提起することができる処分または裁決をする場合には，その処分または裁決の相手方に対し，被告とすべき者，出訴期間，審査請求前置手続が定められている場合はその旨を，書面で教示しなければならない。ただし，その処分を口頭でする場合には教示義務は生じない。処分に対する審査請求の裁決に対してのみ取消訴訟を提起することができる場合や処分または裁決につき形式的当事者訴訟を提起することができる場合にも，同様である。

行政庁が教示義務を果たさない場合あるいは誤った教示をした場合について，訴訟手続上の救済規定は置かれていない。

(2) 取消訴訟の審理
(a) 行政処分の違法性

① 審査の基準　取消訴訟の訴訟要件がすべて存在するときは，裁判所は本案について審理をする。行政処分の違法性の審査は，その行政庁に行政処分を行う権限があるかどうか，形式的および手続的規定を遵守しているかどうか，行政処分が憲法および法律に違反していないかどうか，侵害的行政処分を含め本質的な行政決定については法律の根拠があるかどうかなどの点について，行われる。

② 審査権の範囲と密度　取消訴訟の審理においては，裁判所が，いかなる範囲と密度において，行政処分をコントロールすることができるかが問題である。特に，行政庁の裁量処分に対する裁判所の審査権が重要である。この点について，行訴法30条は，「行政庁の裁量処分については，裁量権の範囲を超え又はその濫用があった場合に限り，裁判所は，その処分を取り消すことができる。」と規定している。

　i　**裁量権の踰越（ゆえつ）・濫用に当たる場合**　事実誤認や事実評価に合理性がないなど不適切な事実認定に基づいている場合，社会通念など一般的に妥当する判断基準に反している場合，法律目的違反，恣意的・報復的目的といった動機の不正がある場合，公正な行政手続

に反している場合，比例原則や平等原則など行政作用の一般原則に反している場合，他事考慮に基づく場合，規制権限の不行使が著しく不合理と認められる場合などが，裁量権の踰越濫用に当たる。である。

ⅱ **審査方式**　審査（コントロール）方式としては，実体的（結果についての）審査方式，手続的（判断過程の）審査方式および主観的（動機についての）審査方式がある。

実体的審査方式は行政処分の実体的内容の審査を行う方式である。行政裁量が，事実誤認や事実評価に合理性がないなど不適切な事実認定に基づく場合，比例原則や平等原則など行政作用の一般法原則に反する場合および一般的判断基準（社会通念など）に反する場合に，行われる。実体的審査方式は判断代置方式ともいわれる。

手続的審査方式は，実体的審査ではなく，行政処分の手続ないし判断過程の合理性を審査する方式である。行政が高度に専門化し，行政過程が複雑化した現代的状況のもとでは，不確定法概念の適用についての手続的コントロールは極めて重要な役割を果たすということができる。行政裁量が，明文の手続規定および公正な行政手続に反していないかどうか，他事考慮に基づくものではないかどうか，裁量判断の方法ないし過程に誤りがないかどうかが，審査される（最判昭46·10·28民集25巻7号1037頁＝個人タクシー事件，東京高判昭48·713行集24巻6＝7号533頁日光太郎杉事件）。

主観的審査方式は，恣意的・報復的目的や不正の動機など主観的要素によって裁量瑕疵が生じていないかどうかを審査する方式である。このような裁量瑕疵は処分者の動機や意図に遡って始めて認識できる瑕疵であるから，立証が困難で，理由づけの追完が許されることによって，裁量処分を違法とすることができる場合は多くない。

ⅲ **審査密度**　審査（コントロール）密度については，恣意ないし明白性コントロール方式，合理性コントロール方式および納得性コントロール方式を区別することができる。裁量権の踰超・濫用が「明白に」，「著しく」などの場合に，明白性コントロール方式による審査が行われる。これは判例の通常の審査方式であるが，コントロールは希薄で消極的である。しかし，原発の安全性に関して裁量の余地を認める行政決定については，最高裁も，「裁量判断に合理性があるかどう

か」,「具体的審査基準に不合理な点があるかどうか」(＝伊方原発訴訟)という合理性コントロール方式をとった。これは一見妥当なコントロール方式であるように見えるが, 行政決定追随方式となる場合が多い。原発の安全性など極めて高度の専門技術的裁量は, 国民の生命・身体・財産に対し, 広範囲で深刻なリスクをもたらすおそれがあるから, 法的コントロールは, 全面的, かつ, より厳格な納得性コントロールへ進化しなければならない。

(b) 釈明処分による資料等の提出

裁判所は, 訴訟関係を明瞭にするため, 釈明処分により, 被告である国または公共団体に所属する行政庁等に対し, 行政処分の理由を明らかにする資料等の提出を求めることができる。取消訴訟の審理の充実・促進を図るためのものである。

① 釈明処分の対象となる資料は, 処分または裁決の内容, その根拠となる法令の条項, その原因となる事実, その他の資料(審査請求の裁決があった場合は審査請求に係る事件の記録)であって, その行政庁の保有するものである。

② 釈明処分に従わなかった場合の法的効果等については法律に規定がない。行政庁には釈明処分に応ずべき一般的協力義務があるが, 正当な理由がある場合には資料・記録の提出・送付を拒むことができると解されている。

(c) 職権証拠調べ

行訴法は, 裁判所は, 必要があると認めるときは, 職権で, 証拠調べをすることができると規定し, 職権審理主義を採用している。これは, 訴訟の結果が当事者以外の者にも及び公益に影響を与えることが少なくないため, 裁判所は自ら判決の適正を確保する必要があるからである。職権証拠調べは, 当事者の提出した証拠についての職権調べだけを意味する。当事者の提出しない事実をも職権をもって調査し証拠とすること, すなわち職権探知主義は認められていない(最判昭28・12・24民集7巻13号1604頁)。

職権証拠調べは現在ほとんど利用されていない。民事訴訟法に基づく裁判所の釈明権の行使で十分であるといわれている。

(d) 証明責任

証明責任（立証責任，挙証責任ともいう）とは，訴訟上，ある事実の存否がいずれとも確定できないときに，判決において，不利な判断を受けるように定められている当事者の一方のリスクまたは不利益をいう。行訴法では，原告と被告のいずれの当事者が，どの範囲で，証明責任を負うべきかという証明責任分配の基準について，明文の規定を置いていない。この点について学説は岐れている。

事実の存否につき真偽不明（non liquet）の場合，判例・通説の一般的基準によれば，国民の権利・自由を制限し，義務を課する行政処分の取消訴訟においては，行政庁がその行為の適法であることについて証明責任を負い，国民が自己の権利・利益領域を拡張することを求める場合およびその請求の却下処分の取消しを求める場合は，原告が証明責任を負う。また行政庁の裁量処分については，裁量権の範囲を超えまたは濫用があったという点について，原告が証明責任を負う。

これに対し有力説によれば，当事者の衡平・事案の性質・事物に関する証明の難易・行政庁と国民との間の証明能力の違い等を考慮して，具体的事案ごとの判断により，妥当な証明責任の分配を定めるべきである。

証明責任分配の問題は，裁判による正義の実現を確保し，両当事者間の実質的衡平を図ることである。この場合，正義と衡平の理念は憲法的価値を実現することに求めるべきである。したがって，判例・通説の考え方が基本的に妥当であるというべきであろう。ただし，裁量処分が侵害的行政処分である限り，被告行政庁が証明責任を負うものと解すべきである。最高裁は，専門技術的裁量について，本来原告が立証責任を負うべきものとしたうえで，原告の立証の軽減をはかっている（最判平 4·10·29 民集 46 巻 7 号 1174 頁＝伊方原発訴訟）。また，生存権のような憲法がすでに保障している国民の法的地位に関する処分については，被告行政庁が証明責任を負うが，資金交付や公物の特別使用を求める請求権を主張するような場合には，原告が証明責任を負うことになろう。

(e) 違法判断の基準時

行政処分が適法か違法かは，事実を法規範に包摂（当てはめ）する

ことによって行われる。訴訟の継続中に，事実状態が変動し法規範も改廃されることがある。その場合，裁判所は，いかなる時点の事実および法状態にもとづいて違法の判断をすべきか。これが違法判断の基準時の問題である。

① 処分時説　判例・通説によれば，取消訴訟の場合，原則として，最終の行政決定の時点が違法の判断基準時である（最判昭27・1・25民集6巻1号22頁）。処分後の事実または法状態の変動は，遡及的法変動を例外として，考慮されない。取消訴訟は行政処分の事後審査であって，裁判所は，処分時の事実および法状態に基づいて，行政庁が行政処分をなす権限を有したか否かを審査する。行政処分は，事実または法状態の変動によって，当初適法であったものが違法になることはないし，違法なものが適法になることもない。処分時説は，基本的には，法律による行政の原理を反映しているといえよう。

② 判決時説　行政処分の違法の判断は，口頭弁論終結時，すなわち判決時の事実および法状態を基準にすべきである。取消訴訟は，行政庁の第1次判断を媒介として生じた違法状態を排除することにあり，したがって，原告に有利な事実および法状態の変動は，原則として，最終口頭弁論の時点までに考慮すべきである。判決時説は，基本的には，行政裁判の権利保護機能を重視する立場であるということができる。

しかし，最近の学説は，行政処分をなした後に生じた事実および法状態の変動の結果，適法な行政処分か違法になることを認める傾向になる。具体例として，営業停止，公務員の任命，年金などの金銭給付の決定など継続的効果を有する行政処分があげられる。

③ 個別判断説　基準時の問題は，訴訟上の原則の問題ではなく，適用される行政実体法および行政手続法の問題である。したがって，その時々の法律の趣旨が重要であり，問題は事件ごとに判断されるべきである。個別判断説は，実際には，多くの場合処分時説に従っている。

④ まとめ　法変動の場合は立法者意思が重要であり，通常，経過規定にそれが示される。法律が遡及効を有する場合および特別の規定がある場合は，これを考慮しなければならない。この点について

法律に何らの規定もない場合には，原則として，処分時における法状態を基準にすべきである。

事実状態が変動した場合，これを考慮することは第1次的に行政庁の権限であり，裁判所の権限は第2次的なコントロール権限である。裁判所が，自ら進んで事実および法状態の変動を考慮することは，行政庁の第1次判断権を侵害することになろう。これは，事実状態が変動していないのに新しい科学的知見に基づき，事実の評価に変化が生じる場合も同様である。結局，行政と裁判所の機能分担をいかに考えるか，これが決定的であるといえよう。

〔f〕 **理由の差替え**

理由の差替えとは，行政処分の理由づけが誤りであり，または不完全である場合に，理由づけを訂正しまたは追完するために，行政処分時に存在していたが，行政庁が主張しなかった法律上または事実上の理由を訴訟において初めて主張することである。

裁判所がそのような差替えを認めることができるかどうかについては，2つの基本的な考え方がある。

① 裁判所はあらゆる事実上および法律上の視点を考慮しなければならないから，行政庁に新しい理由を述べることも認めるべきであり，理由の差替えは原則として許される（最判昭56・7・14民集35巻5号901頁，最判平11・11・19民集53巻8号1862頁）。

② 行政訴訟では理由の追完だけでなく理由の差替えも一般的に許されない。行政庁が訴訟の段階で他の理由を持ち出すことができるとすれば，行政手続の段階で理由提示を強制することは無意味になる。

基本的な考え方は，そのままでは妥当しない。新しい理由づけが許されないことになると，行政庁は同一の行政処分を別の理由で行ない，相手方は新たに訴えを提起しなければならないから，それは訴訟経済に反する。したがって理由の差替えは許されるが，無制限ではない。すなわち，理由の差替えが行政処分の同一性を損なうものであってはならない。理由の差替えが関係人の聴聞権など行政手続法の原則を侵害する場合は許されない。裁量決定の場合の理由の差替えは，新しい行政処分を行ったことになる。

(3) 取消訴訟の終了
(a) 当事者の意思による終了

処分権主義のもとでは当事者の意思により訴訟を終了させることができる。訴訟の取下げ，裁判上の和解，請求の放棄・認諾などがある。和解は当事者の合意を必要とするが，その他の場合は一方の当事者の意思によって終了する。

① **訴えの取下げ**　原告は，判決の確定に至るまでに，訴えを取下げることができる。訴えの取下げは，訴訟を直接に終了せしめ，訴訟は係属しなかったものと見做される。口頭弁論において申立てをした後は，被告の同意を必要とする。

② **和解**　一般に，訴訟は和解によって終了し，和解調書は確定判決と同一の効力を生じる。裁判上の和解は，訴訟の終了を目的とする訴訟行為であるとともに，相互の譲歩による公法契約たる法的性質を有する。取消訴訟において，裁判上の和解が可能かどうかについて学説の対立があるが，和解は，行政庁が，強行法規に反することなく，係争の行政行為を取消しまたは変更することができる場合およびその範囲で，認められるということができる。ただし，裁判外の和解は訴訟を終了させる直接の効果を生じない。実務では，裁判上の和解も裁判外の和解も行われ，和解によって相当数の行政事件が終了している。

(b) 判決による終了

取消訴訟は，通常，判決によって終了する。

①　取消訴訟の判決は，訴訟判決（手続判決）と本案判決に区別することができる。訴訟判決は，例えば，訴えが適法か否かという手続上の問題についての判決をいい，本案判決は事件の本体についてなされる判決をいう。

②　取消判決は，その内容により，却下の判決・棄却の判決・認容の判決の3種に分けられる。

ⅰ　却下の判決は，訴えが訴訟要件を欠き不適法であるとして，訴えの内容の審理を拒絶する判決で，いわゆる門前払いの判決である。

ⅱ　棄却の判決は，訴えの内容について審理をした後，原告の請求を理由なしとして，その主張をしりぞける判決で，いわゆる原告敗訴

II　取消訴訟

の判決である。

棄却判決の特殊なものとして，事情判決の制度がある。処分または裁決の違法を認めるにかかわらず，原告の請求をしりぞける制度で，裁判所は違法ではあるが，これを取り消すことにより公の利益に著しい障害を生ずる場合には，原告の損害の程度・その賠償または防止の程度および方法その他一切の事情を考慮して，これを取消すことが公共の福祉に適しないと認めるときは，請求を棄却することができる。ただこの場合にも，処分または裁決は違法であるから，裁判所は判決の主文においてその旨を宣言しなければならず，相当と認めるときは終局判決前に判決をもってその旨を宣言することもできる。事情判決の場合，訴訟費用は被告側が負担する。

事情判決の制度は，公益のために違法な公権力の行使を維持し個人の権利を犠牲にすることを訴訟のレベルで認めるものであるから，その反法治国性は明らかである。たとえていえば，相撲協会や相撲興行のために，本場所の土俵で人気横綱に土をつけた力士には軍配を挙げないことを認める制度であるということになろう。

ⅲ　認容の判決は，訴えの内容について審理した後，原告の請求を理由ありとして，これを認容する判決で，いわゆる原告勝訴の判決である。取消訴訟は取消しを求める訴訟であるから，それに対する認容の判決は当然に処分または裁決の全部または一部を取消すという形式となる。

③　取消判決の効力として既判力，形成力，拘束力がある。

ⅰ　判決の既判力　取消訴訟の終局判決が確定すると，後訴において当事者および裁判所は，その事項について確定判決の内容と矛盾する主張，判断をすることができない効力をいう。既判力は紛争の蒸し返しや矛盾した裁判の防止のために一般的に認められている。

ⅱ　形成力　処分または裁決の取消判決が確定すると，その処分または裁決は行政庁が改めて取消すまでもなく，遡及的に処分の効力が消滅し，初めから処分がなかったと同じ状態がもたらされる（最判昭50・11・28民集29巻10号1797頁）。これを形成力という。

判決の形成力は第三者に対しても効力（対世的効果）を有する。対世的効果の結果，訴訟に参加しなかった第三者で，判決によって不測の

不利益を受ける者を救済するため、第三者の訴訟参加および第三者の再審の訴えが認められている。

ⅲ 拘束力　取消判決は当事者たる行政庁その他の関係行政庁を拘束する。当事者たる行政庁はもちろん関係行政庁も判決に服従しなければならないのは当然のことである。行政庁は、取消判決により、同一過誤の繰り返しを禁止され、同一事情の下で、同一理由に基づいて、同一人に対して同一内容の処分をすることができないという不作為義務（消極的義務）を負う。これを反復禁止効という。しかし事情、理由、処分の内容のいずれかを異にする場合には拘束力は及ばないと解されている。

また、申請を却下しもしくは棄却した処分または不服申立てを却下しもしくは棄却した裁決が、判決により取り消されたとき、および申請に基づいてした処分または不服申立てを認容した裁決が判決により手続に違法があることを理由に取り消されたときは、行政庁は、判決の趣旨に従い、改めて申請に対する処分または不服申立てに対する裁決をしなければならない。

なお、処分の取消しにより、行政庁は違法状態を除去すべき義務、例えば処分の取消しに関連する原状回復義務を負う。行政庁がその義務を履行しない場合には、通常の民事訴訟の手続により妨害排除または原状回復を求めることができるとされている。

Ⅲ　その他の抗告訴訟

(1) 無効等確認訴訟

無効等確認の訴えとは、処分もしくは裁決の存否またはその効力の有無の確認を求める訴訟をいう。行政処分の効力を争うためには、通常、取消訴訟によるべきであるが、取消訴訟には出訴期間の制限がある。しかし出訴期間を徒過した者でも行政処分が無効の場合は、これを救済する必要がある。行政処分の無効確認訴訟は確認訴訟ではあるが、取消訴訟と同一の機能を有し、いわば時機に遅れた取消訴訟である。したがって、補充的な訴訟として位置づけられる。無効確認訴訟には出訴期間の制限がない。

Ⅲ　その他の抗告訴訟

(a) **原告適格**

　無効確認訴訟は，原告が行政処分の無効の確認につき正当な利益を有するときに許容されるべきものであるが，行訴法は，無効確認訴訟の補充性という視点から，原告適格を著しく制限している。すなわち，無効等確認の訴えを提起できるためには，ⅰ　その処分または裁決に続く処分により損害を受けるおそれのある者，ⅱ　その他その処分または裁決の無効等の確認を求めるにつき法律上の利益を有する者で，現在の法律関係に関する訴えによって目的を達することができないものでなければならない。「現在の法律関係に関する訴え」とは公法上の当事者訴訟または民事訴訟を指す。

　「目的を達することができない」の意味については，解釈論の対立がある。

　還元不能説によれば，目的を達することができないというのは現在の法律関係に還元ないし引き直しができない場合を指す。還元不能説では，無効確認訴訟の許容範囲を公法上の当事者訴訟または民事訴訟が提起できない場合に限定する。例えば，公務員の免職処分では，免職処分の無効を前提（理由）として公務員たる地位ないし身分の確認訴訟が可能であり，また土地収用裁決の無効を前提として収用土地についての所有権確認・登記抹消請求等の訴え（民事訴訟）が可能であるから，免職処分または土地収用裁決自体の無効確認訴訟は許されない。したがって，行政処分の無効を前提とする現存の法律関係に関する訴えに還元ないし引き直しをすることができない場合に限って，補充的にのみ，無効確認訴訟が認められることになる。

　これに対して目的達成不能説は，「目的」を拡大して予防訴訟的機能をそれに含め，さらに仮の救済の手段が十分でない場合や判決の拘束力の点で争点について行政庁に対する拘束力が認められない場合も，「目的を達成」することができない場合であるとする。

　最高裁は，現在の法律関係に関する訴えに還元できる場合であっても，無効確認訴訟のほうがより「直截的で適切な争訟形態」であると見るべき場合には，原告適格を認めている（最判平9・9・22民集46巻6号1090頁＝もんじゅ原発訴訟）。このような機能的な解釈は行政訴訟の権利保護機能に最も良く適合するということができる。

149

(b) 争点訴訟

処分または裁決の効力等を争点とする私法上の法律関係に関する訴訟を争点訴訟という。争点訴訟は行政処分の無効を前提とする民事訴訟であるが、実質的には無効確認訴訟に準じる訴訟である。例えば、農地買収処分の無効を争点として、旧地主と新地主が争う所有権確認訴訟がこれに当たる。争点訴訟の場合、行政庁に通知がなされ、行政庁の訴訟参加が認められる。争点訴訟の利用は極めて少ない。

(2) 不作為の違法確認訴訟

不作為の違法確認の訴えとは、行政庁が法令に基づく申請に対し、相当の期間内になんらかの処分または裁決をすべきにかかわらず、これをしないことについての違法の確認を求める訴訟をいう。不作為の違法確認の訴えは、権利保護制度としては不十分であり、たんに事務処理の促進を図り、いわば行政のシリをたたく訴訟にすぎない。

(a) 原告適格

不作為の違法確認の訴えは、処分または裁決についての申請をした者に限り、提起することができる。原告適格は、法令に基づく申請権を有する者に限定されず、申請権の有無に関係なく、現実に申請した者であればよいというのが通説である。申請権の有無は本案の問題である。これに対して、申請権の有無は行政庁の不作為が違法となるか否かの前提であり、申請権のない者がこの訴えを提起しても不作為の成立する余地はないから、結局、申請権のない者は原告適格を欠くという反対説がある。

(b) 不作為の違法

行政庁の不作為が違法となるのは、行政庁の応答義務を前提にし、不作為が「相当の期間」を経過した場合である。これは本案の問題である。相当の期間は、行政手続法による標準処理期間が設定されている場合には、それが1つの判断基準となるが、結局、処分の種類、性質等によって画一的に決することはできず、具体的事案ごとに判断せざるをえない。

(3) 義務付け訴訟
(a) 訴訟要件

① 直接型義務付けの訴えの訴訟要件は、行政庁が一定の処分をす

べき旨を命ずることを求めるにつき法律上の利益を有する者（＝原告適格を有する者）であること，一定の処分がなされないことにより重大な損害を生ずるおそれがあること，この損害を避けるため他に適当な方法がないこと，である。通説によれば，損害の重大性を訴えの許容要件とするのは，行政処分についての申請権を有しない原告が自分以外の第三者に対して規制権限ないし不利益処分の発動を求める場合であるから，原告の被っている不利益が一定程度のレベルにあり，救済の必要が相当高い場合でなければならない。しかし，義務付け訴訟の法的性質上，給付請求権の侵害という要件だけで十分なのではないか，重大でない損害生ずる場合は，権利侵害があっても，救済の必要がないとして切り捨てるのは何故か，といった疑問が残る。

② 申請型義務付け訴訟の訴訟要件は，ⅰ その法令に基づく申請または審査請求に対し相当の期間内に何らの処分または裁決がないこと（放置型），ⅱ その法令に基づく申請または審査請求を却下しまたは棄却する旨の処分または裁決がなされた場合に，その処分または裁決が取り消されるべきものであり，または無効もしくは不存在であること（拒否型），である。申請型義務付け訴訟は，法令に基づく申請または審査請求をした者に限り提起することができる。

申請型義務付け訴訟は，単独では提起することができず，放置型の場合は不作為の違法確認の訴えと，拒否型の場合は取消訴訟または無効確認訴訟と併合しなければならない。したがって，取消訴訟と併合される義務付け訴訟は，間接的に，出訴訟期間の制約を受けることになる。

(b) **本案勝訴要件**

本案勝訴要件は，行政庁が処分または裁決をすべきことが明らかであること（羈束処分），行政庁が処分または裁決をしないことがその裁量権を越えもしくは濫用となると認められること，である。

訴えの理由がある場合，裁判所は，判決によって自ら行政処分を行うのではなく，行政庁に対し一定の行政処分をなすべき旨を命ずる義務付け判決を下す。

(c) **次のような事例がある。**

出生届が受理されていない子について，住民票が記載されないこと

により重大な損害を生ずるおそれがあるとして，住民票の作成を義務付けた事例（東京地判平 19・5・31 判時 1981 号 9 頁。控訴審は，重大な損害を生ずるおそれがないとして訴えを却下＝東京高判平 19・11・5 判タ 1277 号 67 頁）。

身体障害を有する児童について，普通保育園への入園を承諾することを市に義務付けた事例（東京地判平 18・10・25 判時 1956 号 62 頁）。日本人と内縁関係にある不法残留外国人に対する在留特別許可の義務付けの訴えが，在留資格および在留期間等の条件を指定する部分を除いて認容された事例（東京地判平 20・2・29 判時 2013 号 62 頁）。

(4) 差止訴訟

差止訴訟とは行政処分の事前の差止めを求める訴訟いう。差止訴訟は，消極的な給付訴訟であり，将来の行政処分を差止める予防的不作為訴訟である。通常，行政処分に対しては取消訴訟で権利保護は十分である。行政処分の事実上の効果についても，取消訴訟と執行停止で対応できる。したがって行政処分に対する予防的差止訴訟は取消訴訟による事後的な権利保護では十分でない特別の例外的場合にのみ考慮される。差止訴訟の訴訟要件は直接型義務付け訴訟の場合と同様である。本案勝訴要件についても，義務付け訴訟の場合と基本的に同様である。

(a) **次のような事例がある。**

受刑者の頭髪の強制的な丸坊主刈りの差止め（東京地判昭 38・7・29 行集 14 巻 7 号 1316 頁）。

いわゆる勤評長野方式における自己観察表示義務につき，義務違反の結果として将来懲戒その他何らかの不利益処分を受けるおそれがあるというだけで，その処分の発動を差し止めるため，事前に右義務の存否の確認を求めることは，許されない（最判昭 47・11・30 民集 26 巻 9 号 1746 頁＝長野勤評事件）。

あらかじめ河川管理者が河川法上の処分をしてはならない義務があることの確認ないし河川法上の処分権限がないことの確認，および，これらと同趣旨の本件土地が河川区域でないことの確認を求める法律上の利益を有するものではない（最判平元・7・4 判時 1336 号 86 頁）。

保険医療機関指定取消処分および保険医登録取消処分の差止めの訴えについて，請求を棄却した事例（大阪地判平 20・1・31 判タ 1268 号 152 頁）。

県および市からの公有水面埋立免許出願に対して免許処分の差止めを周辺住民が求めた事案で，免許処分の差し止めを認めた事例（広島地判平21・10・1 判時2060号3頁＝鞆の浦訴訟）。

(b) 公共事業差止訴訟

公共事業差止訴訟とは，空港や道路のような公共施設の建設・運営から生じる騒音，振動，大気汚染等の公害が発生している場合に，周辺住民が，その差止めを求める訴訟をいう。公共事業差止訴訟は民法的にも公法的にも構成することができる。従来，下級審の判例および通説は公共事業差止訴訟を民事訴訟として構成してきた。しかし大阪国際空港事件に関する最高裁判決（最判昭56・12・16民集35巻10号1369頁）は，空港の騒音公害の差止め（夜間飛行差止め）を求める民事訴訟について，「空港の離着陸のためにする供用は運輸大臣の有する空港管理権と航空行政権という二種の権限の，総合的判断に基づいた不可分一体的な行使の結果である」から，夜間飛行の差止めを求めることは「不可避的に航空行政権の行使の取消変更ないしその発動を求める請求を包含することになるもの」であり，民事訴訟としては不適法であるとした。その後の判例も，大阪国際空港訴訟判決を踏襲し（最判平6・1・20判時1502号68頁＝福岡空港訴訟），また自衛隊機については「自衛隊機の運航に関する防衛庁長官の規制権限の行使は，その運航に必然的に伴う騒音等について周辺住民の受忍を義務をづけるもので，……公権力の行使に当たる」（最判平5・2・25民集47巻2号643頁＝厚木基地訴訟）と判示し，それについて民事上の差止請求は認められないことを確認した。したがって，公共施設からの環境影響の被害に対する差止請求は，これを行政事件訴訟として理論構成する必要に迫られているといえよう。

Ⅳ　仮の権利保護

仮の権利保護とは，本案訴訟が確定するまでの間，原告の権利利益を暫定的に保全するための制度をいう。侵害行政においては，訴訟係属中に，原状回復の困難な既成事実が創られることを阻止することが重要であり，これが執行停止手続である。また給付行政の領域では，裁判所が，係争の権利または法律関係についての仮の地位を定める仮

命令を発する仮命令手続が重要である。行訴法は民事保全法に規定する仮処分をすることを認めない。

(1) 執行停止手続

行訴法は，処分の取消しの訴えの提起は，処分の執行または手続の続行を妨げないと規定して，執行不停止の原則をとっているが，例外として，執行停止の制度を定めている。

執行不停止の原則をとる理由は，執行停止の原則をとった場合は行政の円滑な運営が阻害され，濫訴の弊害が生じるおそれがあることがあげられ，通説は，執行停止の原則と執行不停止の原則のいずれをとるかは立法政策の問題であるとしている。しかし，執行不停止の原則をとるのは，立憲的な行政権重視の立法政策であって，実効的な権利保護を目指す実質的法治国家の立法政策とはいえない，といえよう。

① **執行停止の要件** ⅰ 本案訴訟（取消訴訟・無効等確認訴訟）が適法に係属していること，ⅱ 回復困難な損害避けるために緊急の必要があること。ただし，執行停止が公共の福祉に重大な影響を及ぼすおそれがあるとき，または本案について理由がないと見えるときは，することができない。

② **執行停止の内容** 執行停止の内容は，処分の効力，処分の執行または手続の続行の全部または一部の停止である。ただし，処分の効力の停止は，処分の執行または手続の続行の停止によって目的を達することができる場合にはすることができない。

③ **内閣総理大臣の異議の制度** 内閣総理大臣は，行停止の申立てがあったときは，執行停止の決定の前後を問わず，異議を述べることができ，異議を述べたときは，裁判所は執行停止の決定をすることができず，決定後であるときは，これを取り消すことを要する。異議には執行停止が公共の福祉に重大な影響を及ぼすおそれのある事情を示す理由を附することが必要である。内閣総理大臣はやむを得ない場合でなければ，異議を述べてはならず，異議を述べたときは次の常会において国会に報告しなければならない。

内閣総理大臣の異議は裁判所の執行停止の決定に対する拒否権であり，裁判所がその判断の当否について審査権を有するものではない。内閣総理大臣の異議の制度については，これを違憲とする学説が有力

である。

(2) **仮命令手続**

(a) **仮の義務付け**

仮の義務付けとは，仮に行政庁がその処分または裁決をすべき旨を命ずることをいう。

仮の義務付けの要件として，手続的要件と実体的要件がある。手続的要件としては，本案訴訟である義務付けの訴えが適法に係属していることが必要であり，また，仮の義務付けには申立人による申立てが必要である。実体的要件としては積極要件と消極要件がある。積極要件は，義務付けの訴えに係る処分または裁決がなされないことにより生じる償うことのできない損害を避けるため緊急の必要があり，かつ，本案について理由があるとみえるとき，であり，消極要件は，公共の福祉に重大な影響を及ぼすおそれがあるときは，することができないと規定されている。

「償うことのできない損害」という点については，救済の実効性の見地から，弾力的運用が期待されている。具体例としては，公的な保険・年金の給付，生活保護の資格認定・保険給付などの申請が拒否されたときに，これらの給付や資格認定が本案判決までの原告の生活の維持に必要不可欠である場合や保育所への入所処分，通学校の指定処分など即時に仮の義務付けをしないと，原告が必要なときに入所・入学などが不可能になるような場合などが挙げられている。また金銭賠償が不可能な場合に限定すべきではない。

次のような事例がある。

身体障害を有する児童について，普通保育園への入園を仮に承諾することを市に義務付けた事例（東京地決平18・1・25判時1931号10頁）。市の設置する公の施設であるホールの使用について，仮の義務付けの申立てが容認された事例（岡山地決平19・10・15判時1994号26頁）。

(b) **仮の差止め**

仮の差止めとは，仮に行政庁がその処分または裁決をしてはならない旨を命ずることをいう。仮の差止めの積極的的要件として，本案訴訟である差止訴訟が適法に係属していることが必要であり，また，常に，申立人による申立てが必要である。実体的要件は，償うので

きない損害を避けるため緊急の必要があること，かつ，本案について理由があると見えるとき，である。消極的要件も，仮の義務付けの場合と同様である。

次のような事例がある。

「償うことのできない緊急の必要」があるといえるためには，損害を回避するために後の金銭賠償によることが不可能であるか，これによることが著しく不相当と認められることが必要である（大阪地決平18・8・10 判タ 1224 号 236 頁）。

産業廃棄物が適正に処理されなかった場合に生じる粉塵の飛散，汚水の流出等が申立人らの生命，健康を著しく害するような性質のものとは認められず，「償うことのできない損害を避けるため緊急の必要」があると一応認めることはできないとして，申立てを却下した事例（大阪地決平 17・7・25 判タ 1221 号 260 頁）。

退去強制所発付処分の差止命令の申立が，「償うことのできない損害を避けるため緊急の必要」がないとして，却下した事例（大阪地決平 18・12・12 判タ 1236 号 140 頁）。

第9章　国家はどのような責任を負うか

Ⅰ　国家責任

　国家責任とは行政活動に基づく損害・損失・侵害についての国または地方公共団体の責任をいう。換言すれば，国家責任とは公権力の行使に対する国家責任である。このような国家責任の概念は，公務員の個人的な不法行為についての責任を国または公共団体が引き受けるという意味の国家責任ではなく，公権力の行使についての国家の自己責任を意味し，それは金銭補償のほか，原状回復および差止請求をも内容とする広い意味の直接的な国家責任である。

　現行法上，国家責任の中心は国家賠償と損失補償である。通説は，損害賠償と損失補償とは基本的に異なる制度であるが，金銭的救済という点で共通の性格を有するものとして，両制度の区別を相対化し，これを共通の法原理のもとに統一的に構成し，「国家補償」として体系化してきた。このような金銭的救済中心の考え方は，公権力の侵害に対する権利保護システムの欠如→権利保護に代わる金銭による清算（救済）という警察国家的発想である「耐えよ，しからば清算せん！」の延長線上にあるということができる。

　これに対して，法治国家の基本構造は，まず，公権力が法および法律に拘束されること（法律による行政の原理）をもって始まり，ついで，公権力の行使によって侵害されたとする個人が，裁判所に対し，そのような公権力の行使の防御ないし差止めを求めることができることによって，公権力の行使に対する法的コントロールが保障され（権利保護），最後に，国または公共団体が公権力の行使によって個人に対し不法に，あるいは，特別の犠牲として，加えた損害・損失・侵害について，自己責任を負わなければならないこと（国家責任）をもって完成される。法治国家にとって，裁判所による法的コントロールは第一義的な権利保護であり，金銭救済は第二義的な保護であるというべきである。

　法治国原理は，権利保護による適法状態の回復を要請し，それが実

行できない場合には，可能な限り同価値の状態の修復を追求する。法治国的国家責任の本質は侵害された法治国家性の治癒である。したがって，民主的な法治国家のもとでは，「防御せよ，しからば補充的に清算せん！」というように，「国家補償」の問題は，公権力の侵害についての国家責任の補充的なものとして位置づけなければならないといえよう。

II 損害賠償
(1) 損害賠償の概念と種類

行政上の損害賠償とは，国または公共団体の活動により国民が被った損害を賠償することをいう。賠償責任は，いろいろの視点から，区別することができる。

① 誰が賠償責任者であるかという視点から，被害者負担，公務員の個人責任，国家の代位責任および国家の自己責任の4類型を区別することができる。

被害者負担は，公務員の職務上の不法行為について，国家に対しても加害者たる公務員に対しても，損害賠償を求めることが許されず，被害者が泣き寝入りせざるをえない制度である。この国家および公務員の無責任制度は，明治憲法のもとでとられた原則であったが，日本国憲法によって廃棄された。

公務員の個人責任は，加害者たる公務員が職務上の不法行為について賠償責任を負い，国家は責任を負わない制度である。公法・私法の区別を知らない19世紀のイギリスでとられた制度であったが，20世紀に至り公務員の職務行為の範囲が飛躍的に拡大したこと，公務員の賠償能力には限界があり，被害者救済が不十分になることなどの理由により，廃止された。

国家の代位責任は，公務員の個人責任を前提とし，国家が賠償責任を肩代わりするもので，国家が公務員に代位して賠償責任を負う間接的な国家責任の制度である。ドイツのワイマール憲法のとった制度がこれである。

国家の自己責任は，公務員の職務上の不法行為について，賠償責任を負うのは国家であって，公務員個人は責任を負わない直接的な国家

の自己責任の制度である。最も現代的な国家責任制度であるということができる。

② 責任原因が何であるかによって，損害発生，行政の瑕疵ある職務執行，違法性，過失による違法性の4類型を区別することができる。

第1の類型は，賠償責任の原因を，国家活動の違法または瑕疵ではなく，行政活動による損害の発生に求める制度である。この場合には，行政活動を原因とする一切の損害が補償される。例えば，スペインの制度がこれに属し，最も進んだ制度であるといわれる。

第2は，損害を与えた瑕疵ある職務執行，要するに賠償責任の原因を職務の瑕疵に求める制度である。フランスの役務過失の責任がこれに属する。役務過失責任とは，違法ではなく，役務の正常な運行においての欠陥で，公務員が個人的責任を負わされることのないものをいう。

第3は，損害を与えた行政活動の過失ではなく，違法のみを責任原因とする制度である。スイス，ギリシャなどの国家責任法がこれである。

第4は，違法かつ過失に基づく行政活動により生じた損害についての責任を規定する制度である。ドイツ，オーストリヤ，ベルギー，オランダ，イギリスなどがこれに属し，わが国の現行法もこのシステムを採用している。

以上のモデルは，実際には法律上または判例上修正されている。例えば，過失責任主義のモデルをとっている場合でも，過失の基準を客観化し，結果責任主義のモデルに近付く傾向があるといえよう。

(2) **法的根拠と賠償責任の本質**

現行の国家賠償制度については，憲法17条に基づき，行政上の不法行為責任に関する一般法として国家賠償法が制定された。したがって行政上の損害賠償については，他に別段の定めがない限り，国家賠償法が適用され，国家賠償法に規定がないときは，民法の規定が補充的に適用される。

国家賠償法の規定する責任の本質については，国家の自己責任説と代位責任説とが対立している。自己責任説によれば，権力活動に基づく賠償責任は危険責任の最も典型的な場合であって，国または公共団

体が直接に負担すべき自己責任である。代位責任説によれば，国家賠償法1条が規定する賠償責任は，公務員について成立する不法行為責任を国が代わって負担する責任である。代位責任説が通説・判例の立場であり，わが国の国家賠償制度の沿革および国家賠償法の構成からみて，代位責任説が素直な解釈であるということができる。しかし自己責任説は，現代的な感覚にマッチする法政策的な解釈論として，多くの支持を受けている。ただ両説に基づいて展開される個別・具体的な解釈には結果的にほとんど差異がないといえよう。

(3) 公権力の行使に基づく賠償責任

国家賠償法1条1項は，「国又は公共団体の公権力の行使に当る公務員が，その職務を行うについて，故意又は過失によって違法に他人に損害を加えたときは，国又は公共団体が，これを賠償する責めに任ずる」と規定している。

(a) 公権力の行使

公権力の行使の概念は，国家賠償法1条と民法の不法行為法の適用領域を分ける基準である。学説上，狭義説と広義説の対立がある。狭義説は公権力の行使を国家統治権に基づく優越的な意思の発動たる作用を指すという。広義説は，私経済行政と公の営造物の設置・管理作用（＝国賠2条の対象となるもの）を除いた，すべての行政活動であるとする（東京高判昭56・11・13判時1028号45頁）。

広義説が通説・判例となっている。狭義説との対立は，実際には主として，行政指導，教育活動，警察官の救助活動などの場合に国家賠償法1条1項の適用があるかどうかという問題となって現れる。最高裁は，公立学校における教師の教育活動（最判昭62・2・6判時1232号100頁＝プール飛び込み事故事件）や一定の行政指導（最判平5・2・18民集47巻2号574頁＝武蔵野市教育施設負担金事件）も，国家賠償法1条1項にいう公権力の行使に含まれるとしている。

「公権力の行使」には，行政活動だけでなく，国会の立法作用や裁判などの司法作用も含まれる。

(b) 公 務 員

公権力の行使に当たる「公務員」とは，国家公務員，地方公務員に限らず，公権力の行使の権限を与えられた一切の者を指す。例えば，

弁護士会懲戒委員会の委員，非常勤の消防団員，拘置所の非常勤医師なども含まれる。

(c) **職務を行うについて**

① 「職務を行うについて」とは，職務行為自体より広いが，単に「職務行為に際して」より狭く，客観的に見てその行為の外形が職務行為と認められる場合を指す。最高裁は，「公務員が主観的に権限行使の意思をもってする場合にかぎらず，自己の利をはかる意図（主観的意図）をもってする場合でも，客観的に職務執行の外形をそなえる行為」の場合に賠償責任を認めている（最判昭 31・11・3 民集 10 巻 11 号 1502 頁＝非番警察官強盗事件）。これがいわゆる外形主義である。

② 損害賠償責任が成立するためには，職務義務違反がなければならない（最判昭 60・11・21 民集 39 巻 7 号 1512 頁＝在宅投票制廃止事件）。その違反が損害賠償責任を生じさせる職務義務は，個別具体的に判断されなければならない。

③ 法律上，職務義務が客観的に明瞭でない場合には，義務違反と故意過失を区別するのは難しく，区別の実益は乏しい。国家賠償法では，加害行為の違法性と故意過失の判断は，明文上分かれている。しかし非権力行為や不作為による加害行為の場合は，両者は一体的・総合的にに判断される傾向にある（最判昭 58・2・18 民集 37 巻 1 号 101 頁＝トランポリン喧嘩事件，最判平 3・4・26 民集 45 巻 4 号 653 頁＝水俣病認定遅延訴訟）。

(d) **故意・過失**

① 国家賠償法 1 条は過失責任主義を規定する。過失は法律上要求される職務義務違反に関するものであり，損害発生の回避義務を含む。その場合，平均的な公務員に客観的に要求される知識と能力が基準となり，客観的に見て必要な慎重さを欠いていたという証明だけで十分である。責任を負うべき加害者たる公務員の名前を特定する必要はない（最判昭 57・4・1 民集 36 巻 4 号 519 頁＝税務署職員健康診断事件）。それは被害者にとってしばしば不可能だからである。

② 欠陥のある法的知識は注意義務違反となる。公務員はその職務の基準となる法規を，判例・学説による解釈を含めて，知ってなければならない。解釈について疑問がある場合には，公務員が代替性のある法的見解に従っていれば，その後の判例によってそれが認められず，

したがって正しくない解釈であったとしても，過失はない（最判昭49・12・12民集28巻10号2028頁）。

③　判例理論は，過失を客観化し脱個人主義化することによって，公務員の職務責任を一応客観的・直接的な国家の自己責任に近づけているということができる。過失の客観化は3つの方法によって行われる。

i　標準的な注意義務の設定　これは平均的公務員に客観的に要求される知識と能力＝注意義務を設定することである。

ii　過失の推定　職務義務違反から直接過失を推定することによって，過失の要件はフィクションとなる（最判平3・4・19民集45巻4号367頁＝小樽種痘禍訴訟）。

iii　いわゆる組織過失の承認　この場合，過失は，具体的な公務員の主観的な過失ではなく，公務運営の瑕疵というように客観化され，加害公務員を特定する必要がなくなる（東京地判昭39・6・19下級民集15巻6号1438頁＝安保教授団事件，なお最判昭57・4・1民集36巻4号519頁＝税務署職員健康診断事件も見よ）。

(e)　**違　法　性**

①　違法とは，被害者に対する法律上の作為・不作為義務に違反すること，すなわち，行為規範によって認められない行為不法をいう。したがって，下級審の判例に従った行政処分が上告審で違法と判断された場合，あるいは公権力によって惹起された状態が事後に結果的に違法となった場合は，違法でないことになろう。

②　何が違法かについては，違法を法令違反に限定する狭義説と客観性を欠く場合を含むとする広義説が対立している。広義説では，客観的な成文法の違背だけでなく，人権の尊重，権利濫用，信義誠実，公序良俗などの原則その他条理，慣習法を基準として違法性が判断される。国家賠償法で問題となる違法とは，成文法および不文法違反はもちろん，単なる行政内部的な行政規則および職務命令に違反する場合でも，それが外部法化されている場合を含み，すなわち職務を行うについて公務員に課せられている一切の義務違反をいうものと解すべきである。

Ⅱ 損害賠償

(4) 特殊問題
(a) 規制権限の不行使

行政上の規制権限の不行使は，法律の合理的解釈により，裁量の消極的踰越・濫用により，あるいは裁量収縮論により，違法となる。警察官が生命・身体に対する危険を防止すべき規制権限を適切に行使しなかった結果，職務上の義務違反となる場合には，国家賠償責任が認められる（最判昭 57・1・19 民集 36 巻 1 号 19 頁＝ナイフ一時保管懈怠事件，最判昭 59・3・23 民集 38 巻 5 号 475 頁＝新島漂着砲弾爆発事件）。行政上の規制権限（＝裁量権）の不行使が，「著しく不合理と認められるとき」は，裁量権の踰越・濫用に当たり，権限不行使は違法となる（最判平元・11・24 民集 43 巻 10 号 1169 頁＝宅地業法上の監督権限不行使事件，最判平 7・6・23 民集 49 巻 6 号 1600 頁＝クロロキン訴訟）。下級審の判例には，裁量収縮論に基づいて，賠償責任を認めるものがある（東京地判昭 53・8・3 判時 899 号 48 頁＝東京スモン訴訟など）。

(b) 司法作用

司法作用の場合，違法性の認定については，検事や警察官が職務遂行に際して合理的な判断・職務遂行を行ったかどうかを基準とする，いわゆる「職務行為基準説」が採用されている（最判昭 53・10・20 民集 32 巻 7 号 1367 頁＝芦別国賠訴訟，最判昭 57・3・12 民集 36 巻 3 号 329 頁＝裁判官の職務行為事件）。また，裁判官の場合は，裁判の違法性を限定する解釈論によって損害賠償責任が制約され，いわば裁判官特権が認められている。通説は，判決が上訴・再審により取り消されても，直ちに，国家賠償法の違法となるものではないとしている。

(c) 立法的不法

国会は原則として公共全体に対して義務を負い，特定の個人に対して職務上の義務を負うものではない。最高裁も，国会議員の立法行為（立法不作為）は，特定の第三者に対する職務義務の問題ではなく，国民全体に対する政治責任の問題であるという理由で，国家賠償法 1 条 1 項による違法の評価を受けないとする（最判昭 60・11・21 民集 39 巻 7 号 1512 頁＝在宅投票制廃止事件）。立法的不法の損害賠償問題は，法律の定める場合に限って損害賠償責任が生じることになろう。

(d) 公務員の個人責任

国や公共団体が損害賠償をした場合，加害公務員に故意または重大な過失があったときは，国または公共団体がその公務員に対し求償権を有する。民法の場合と異なり，軽過失の場合は求償権の行使は認められない。

公務員の個人責任については直接の明文はない。通説は，代位責任の立場から，国が公務員に代わって賠償責任を負う以上，公務員の個人責任を問う必要はないとみる。これに対し自己責任説は，国が責任を負担することと公務員個人の責任は別個の問題であり，ここに公務員の個人責任を認め得る理論的根拠があると考える。しかし公務員の不法行為を国自身の不法行為であるとみれば，むしろ公務員個人の不法行為は存在しないこととなる筈で，公務員個人の不法行為責任を承認する論理には困難が伴う。

問題は，法律全体の趣旨からみて，国家賠償法が規定した賠償制度が，被害者の金銭的救済に尽きる制度なのか，あるいは金銭的救済のほかに，被害者の加害者に対する報復的，責任追及的機能ないし行政の適正確実な執行保障の機能をも含む制度であるとみるかどうか，ということになろう。判例は，公務員個人に対する賠償請求を否定している（最判昭30・4・19民集9巻5号534頁＝公務員個人責任請求事件）。

(e) 私経済的作用に基づく損害の賠償責任

国家賠償法は，1条2条の適用がない場合は民法の規定によるものとしている。国または公共団体が私経済的活動を行う場合（例．電車，バスなどの事業の経営）には，その活動に基づく損害について，民法の規定が適用される。判例では，国立・公立病院での医療過誤事件が問題になることが多い。最高裁も，国立病院での医療事故については，民法の使用者責任の規定を適用している（最判昭36・2・16民集15巻2号244頁＝輸血梅毒事件）。

なお，国家賠償法4条にいう「民法」には，自動車損害賠償法，失火責任法など民法の付属法規も含むと解されている。最高裁は，失火責任法は失火者の責任要件について民法709条の特則を規定したものであるから，国家賠償法にいう「民法」に含まれるとし，消防職員の失火ミスについて失火責任法を適用し，その公務員に重大な過失のあ

ることを要すると判示した（最判昭53・7・17民集32巻5号1000頁）。

　国または公共団体の損害賠償責任について民法以外の他の法律に別段の定めがあるときは，その定めるところによる。特別法には，ⅰ無過失責任を認めるもの，ⅱ賠償責任の範囲または賠償額を制限するもの，ⅲ責任の競合を認めるものなどがある。

　郵便法は，書留郵便物の全部または一部を紛失し，または破損したときや特別送達という特別の郵送方法をとったときなどの場合に限り，賠償責任を認め，しかも責任の範囲や賠償額を制限していた。最高裁は，紛失・破損以外で損害が生じた場合の書留について「故意や重大な過失で損害があった場合まで国の損害賠償責任を免除するのは，合理性がなく違憲である」とし，また特別送達については「送達の確実さと適正さが特に強く要請される郵便物で，この場合は単なる過失でも国は賠償責任を負う」という判断を示した（最判平14・9・11＝民集56巻7号1439頁）。

(5) 公の営造物の賠償責任

(a) 国家賠償法2条の意義

　国家賠償法2条は，「道路，河川その他の公の営造物の設置又は管理に瑕疵があったために他人に損害を生じたときは，国又は公共団体は，これを賠償する責めに任ずる」と規定している。これは民法717条の定める土地の工作物等の占有者・所有者の責任に対応する規定である。公の営造物についての国や公共団体の賠償責任は，明治憲法のもとでも，徳島小学校遊動円棒事件（大判大5・6・1民録22輯1088頁）を契機に，次第に民法717条によって肯定されるようになった。しかしその後の判例の態度は必ずしも一貫したものではなかった。国家賠償法2条は，この点についての疑義を一掃し，公の営造物の設置・管理の瑕疵に基づく損害に関する国や公共団体の賠償責任を明確に規定したのである。

　国家賠償法2条の特徴は，公の営造物の設置・管理の瑕疵を要件とするもので，国家賠償法1条と異なり，無過失責任主義を採用していることである。国や公共団体は設置・管理の瑕疵がある以上，管理者として過失が存在しない場合でも，損害賠償責任を負わなければならない。しかし，不可抗力による損害については賠償責任を負わない。

(b) 公の営造物

　行政法学上，営造物または公の施設とは，国または公共団体によって一定の行政目的に供用された人的手段および物的施設の総合体を指すが，国家賠償法2条にいう公の営造物はそれと同義ではない。公の営造物については，公の目的に供用されている個々の有体物を指すという説と公の用に供されている有体物のすべてを含むのではなく，物的施設に限定されるという説とが対立している。国家賠償法は公の営造物として，道路，河川を例示しているが，判例は，その他に，橋梁，空港，港湾，水道，下水道，官公庁舎，国公立の学校や病院の建物，自動車，船舶，自衛隊機，拳銃などを公の営造物としている。

(c) 設置・管理の瑕疵

　① 設置・管理の瑕疵とは，営造物が通常有すべき安全性を欠き，他人に危害を及ぼす危険性のある状態をいい（最判昭56・12・16民集35巻10号1369頁＝大阪国際空港訴訟），かかる瑕疵の存否については，その営造物の構造，用法，場所的環境および利用状況等諸般の事情を総合的に考慮して具体的個別的に判断すべきものとする（最判昭61・3・25民集40巻2号472頁＝点字ブロック事件，最判平2・12・13民集44巻9号1186頁＝多摩川水害訴訟判決）。これが通説・判例の立場であり，これを客観説という。

　② これに対し，「設置・管理の瑕疵」に主観的要素（職務義務違反）を持ち込み，無過失責任主義を制限しようとする考え方も主張されている。

　i 主観説　主観説は，公の営造物の管理者が公の営造物を安全良好な状態に保つべき義務に違反すること，すなわち主観的な職務義務違反を設置管理の瑕疵と考える見解である。

　ii 義務違反説　公の営造物の瑕疵を営造物の安全確保義務を前提にして営造物の瑕疵についての管理者の不作為をもって管理瑕疵と解する見解である。

　「設置・管理の瑕疵」を職務義務違反と考えれば，国家賠償法1条と2条のいずれを適用すべきかという基準が曖昧になる。したがって空港騒音被害については，行政の管理運営権限の行使に着目して国家賠償法1条を適用する余地も生じる。

Ⅱ　損害賠償

(d)　**機能的**（供用関連）**瑕疵**

　空港，新幹線，道路などの公共施設の供用に伴い，周辺住民に騒音，振動，排気ガスなどの被害を及ぼす場合，これを供用関連瑕疵ということができ，国家賠償法2条1項が適用される。判例も，公の営造物の供用に関連する機能的瑕疵を「設置又は管理の瑕疵」の中に含めている（最判昭56·12·16民集35巻100号1369頁＝大阪国際空港訴訟，最判平7·7·7民集49巻7号1870頁＝国道43号線訴訟）。

(e)　**守備範囲論**

　公の営造物の利用について，通常の用法に即しない行動の結果発生した事故は，公の営造物の設置・管理の瑕疵に当たらない（最判平5·3·30民集47巻4号3226頁＝テニス審判台転倒死亡事件）。これは，営造物の設置・管理者の守備範囲を営造物の通常の用法に対応できる範囲とし，この守備範囲以外にある危険については，賠償責任を負わないという考え方である。守備範囲論の妥当性は，その営造物の場所的環境および利用者の行動など個別具体的な事実関係についての評価の妥当性にかかっている。

(f)　**道路の設置管理の瑕疵**

　①　道路についての指導的判例は，高知国道落石事件に関する最高裁判決である。最高裁は，通常有すべき安全性・無過失責任・予算抗弁の排斥という3原則を示した（最判昭45·8·20民集24巻9号1268頁）。

　②　国道上に長時間故障車が放置されたことを原因とする事故について，最高裁は，管理者の職務義務違反を問題とすることなく，道路管理の瑕疵を認めている（最判昭50·7·25民集29巻6号1136頁＝放置大型車衝突事件）。しかし，道路上の障害物による衝突事故について，道路管理者に障害物を除去する時間的な回避可能性がない場合には，道路管理の瑕疵が否定されている（最判昭50·6·26民集29巻6号851頁＝赤色灯標柱倒壊事件）。高速道路上でキツネとの衝突を避けるために停止した車に後続車が衝突した事故につき，小動物の侵入を防止できなかったとしても，その道路に設置管理の瑕疵があったとはいえない（最判平22·3·2判時2076号44頁）。

(g)　**河川の設置管理の瑕疵**

　河川の氾濫による被害は，かつて，一種の天災であると考えられた

が，現在，国家賠償法2条の適用を疑う者はいない。しかし河川は道路その他の営造物とは性質が異なることが認められている。最高裁は，大東水害訴訟判決において，河川が洪水等の自然的災害をもたらす危険性を内包することを強調し，未改修河川または改修の不十分な河川における「河川管理の瑕疵の有無は，過去に発生した水害の規模，流域等の自然条件，土地の利用状況等の社会的条件，改修を要する緊急性の有無や程度等，諸般の事情を総合的に考慮し」，「河川管理における…財政的・技術的及び社会的諸制約のもとでの同種・同規模の河川の管理の一般的水準及び社会的通念に照らして」是認しうる過渡的な安全性を備えていると認められるかどうかを基準として判断すべきであるとした（最判昭59・1・26民集38巻2号53頁）。これが，河川管理の瑕疵の有無の判断基準についての指導的判決である。

その後，多摩川水害訴訟判決では，改修済河川の場合において，工事実施基本計画に定める規模の洪水における流水の通常の作用から予測される災害の発生を防止するに足りる安全性を必要とするとし，破堤型水害について河川の瑕疵が肯定されたが（最判平2・12・13民集44巻9号1186頁），長良川安八水害訴訟判決では，改修済河川の堤防が，河川の計画高水位以下ではあるが，きわめて長時間継続した流水により決壊した場合について，堤防の堤体については安全が確保されているとして，河川の瑕疵が否定された（最判平6・10・27判時1514号28頁）。

(h) **求償権（内部的責任）**

国や公共団体が，損害賠償をした場合，他に損害の原因について責に任ずべき者があるときは，その者に対し求償権を有する。他に損害の原因について責に任ずべき者とは，例えば公の営造物の建築を不完全に行った建築工事請負人などである。

(6) **賠償責任者**

① 国家賠償責任の主体は，国家賠償法1条の場合はその公権力の行使が帰属する国または公共団体であり，国家賠償法2条の場合には公の営造物の設置・管理の主体としての国または公共団体である。通常，行政事務の管理者，公務員の選任・監督または公の営造物の設置・管理に当たる者と，公務員の俸給，給与その他の費用または公の営造物の設置・管理の費用を負担する者は，同一の行政主体である。

しかし例えば，道路・河川などの管理の場合など，行政事務の管理者と費用負担者とが異なる場合も少なくない。

このよう場合について国家賠償法3条は，「……費用を負担する者もまた，その損害を賠償する責めに任ずる」と規定し，被害者はいずれに対しても損害賠償請求をすることを認めている。費用負担者とは，給与費負担，国庫負担金など法律上費用負担の義務を負う者は当然費用負担者に該当する。また，補助金の交付主体であっても，場合によっては，費用負担者に該当し，賠償責任を負うことがある（最判昭50・11・28民集29巻10号1754頁＝熊野市鬼ケ城事件）。

② 行政事務管理者と費用負担者のいずれかが被告となる場合は，被告となる行政主体が全損害の賠償責任を負い，いずれもが被告となる場合は連帯して損害賠償責任を負う。そして損害を賠償した者は，内部関係で，真にその損害を賠償する責任ある者に対して求償権を行使できる。

究極の賠償責任者は誰か。この点について法律は明確に規定していない。学説としては，管理者説，費用負担者説および損害発生の寄与度に応じて負担者を定めるべしという寄与度説の対立がある。通説は，損害賠償の支出も費用の一部であるとして費用負担者が本来の賠償責任者であると解している。

(7) **相互保証主義**

外国人が被害者である場合には，相互の保証があるときに限り，国家賠償法が適用される。

Ⅲ 損失補償
(1) **損失補償の概念**
(a) **損失補償の概念**

損失補償とは，行政の適法な活動により特定の者に損失を及ぼした場合において，それが公権力の行使に基づく特別の損失であるときに，これを補償することをいう。財産その他の法益を公共の福祉のために特別の犠牲に供せられた者は国家により補償されなければならないという法思想は，古くから知られていた。損失補償は公法に特有の制度である。

損失補償は，ⅰ 適法な行政活動に基づく補償であり，不法行為に基づく賠償ではない。ⅱ 公権力の行使に基づく補償である。それは契約による反対給付ではない。ⅲ 損失補償は，特別の犠牲に対する全体的な公平負担の見地からの調節的な補償である。

(b) **理論的根拠**

損失補償の理論的根拠としては，平等原則と財産権の保障を挙げることができる。損失補償の理論上の根拠の第1は平等原則である。公益，すなわち全体のために行われる行政の活動が特定の者の負担または犠牲においてなされた場合には，その不平等な負担ないし特別の犠牲は，これを解消し全体の負担に転嫁し平均化することが必要であり，そのために行われるのが損失補償である。第2の理論的根拠は財産権の保障である。近代憲法は，私有財産制を保障するとともに公用収用を認め，両者を調整する原理として「正当な補償」を要するものとした。

(c) **法 的 根 拠**

明治憲法には損失補償に関する一般的規定がなかったが，現行憲法29条3項は，「私有財産は，正当な補償の下に，これを公共のために用ひることができる」と定め，一般的制度として損失補償を認めるにいたった。この規定の法的意義については，ⅰ 立法指針を示したプログラム規定であり，損失補償請求権が発生するためには法律上明示の定めが必要であるとする説，ⅱ 憲法29条3項を効力規定と解し，「正当な補償」が必要であるにもかかわらず補償規定を欠く法規は違憲無効であるとする説，ⅲ 損失補償に関する法律の規定の有無にかかわらず，憲法29条3項から，直接請求権が発生する余地があるとする説がある。

判例・通説は直接請求権発生説をとっている（最判昭43・11・27刑集22巻12号1402頁＝名取川事件，最判昭50・4・11訟月21巻6号1294頁＝平城京訴訟判決）。しかし当事者に補償（金銭）を与えることによって違憲無効の法規を合憲化することは許されないから，違憲無効説をもって正当とすべきであろう。法治国家における国民が，違憲・違法の公権力と闘わずに，金銭のみを要求するのは好ましくない。

Ⅲ 損失補償

(2) 損失補償の要件
(a) 「公共のために用ひる」の意義
「公共のため」については，道路・鉄道・空港などの建築等，直接，公共事業の達成に限定する説と広く公共の福祉または公共の利益の維持増進のために私有財産を用いる場合であるとする説がある。後者が通説・判例である（最判昭28·12·23民集7巻13号1523頁＝農地改革事件）。つぎに，「用ひる」については，私的財産権の使用のほか，財産権の剥奪および制限も含むと解されている。

(b) 補償の要否の判断基準
補償を要する収用と補償を要しない財産権の制限の区別については，対象となる人が，特定の人または特定のグループの人か一般の人かという形式的基準と侵害の性質・程度に着目して財産権の本来の内容を侵害するほど強度か否かという実質的基準がある。通説は，財産権侵害の目的・程度，財産権の性格，効用，損失の程度，社会通念等を総合的に考慮して，個別的に判断するという総合的あるいは漠然たる立場（総合説）をとっている。

(c) 補償を要しないとされる具体例
① 警察規制に基づく損失については，損失補償は必要がない（最判昭47·5·30民集26巻4号851頁＝破壊消防事件）。

② 警察責任者（警察違反の状態について責任を有する者）については補償を要しない（最判昭58·2·18民集37巻1号59頁＝石油貯蔵タンク移転事件）。

③ 財産権の規制が災害防止の目的のものである場合，それはその財産権を有する者が受忍しなければならない責務であって，損失補償は必要がない（最判昭38·6·26刑集17巻5号521頁＝奈良県ため池条例事件）。

④ 行政財産の使用許可の撤回は，行政財産の使用権に内在する制約であり，特別の損失が生じるなど特段の事情のない限り，補償の必要がない（最判昭49·2·5民集28巻1号1頁＝築地卸売市場使用許可撤回事件）。

⑤ 都市計画目的のための建築基準法の制限および都市計画上の建築制限は，不当に長期にわたらない限り，補償は不要である。しかし都市計画事業制限による土地の価格上の損失は補償を要する（最判昭48·10·18民集27巻9号1210頁）。

⑥ 損失補償は精神的損失に対する補償を含まない（最判昭63·1·21

判時 1270 号 67 頁＝福原輪中堤訴訟判決)。

(3) 損失補償の内容
(a) 完全補償・相当補償

　正当な補償とは何か。この点については，損失の完全な填補が必要であるとする完全補償説と社会・経済状況および社会通念に照らして合理的と考えられる程度の填補で足りるとする相当補償説の対立がある。憲法における私有財産尊重の趣旨や平等原則からすれば完全補償説が正しいというべきである。すなわち，「収用の前後を通じて被収用者の財産価値を等しくならしめるような補償」をなすべきである(最判昭 48・10・18 民集 27 巻 9 号 1210 頁)。

　最高裁は戦後の農地改革・自作農創設のための農地買収価格について相当補償説をとっているが(最判昭 28・12・23 民集 7 巻 13 号 1523 頁＝農地改革事件)，相当補償説が妥当するのは大規模な社会改革などの特殊な場合であって，これを一般化することはできない。

(b) 権利に対する補償

　土地収用法は，収用される土地の権利に対する補償の額については，「近傍類地の取引価格等を考慮し(た)……相当な価格」を基準とすると規定している。「相当な価格」とは，客観的価値を指し，それは土地の正常な市場価格によるが，さらに土地の収益性の要素などを加味することによって求められる。なお，「公共用地の取得に伴う損失補償の基準要綱」は，補償の公平・客観化を図るため昭和 37 年に閣議決定され，平成 10 年には改正された。これは「損失補償基準」と呼ばれ，任意買収においても補償の基準となっている。

(c) 損失補償の対象と範囲

　土地収用法は，収用される土地の権利に対する補償のほかに，残地補償，工事費用の補償，いわゆるみぞかき補償，移転料の補償，離作料・営業上の損失，建物の移転による賃貸料の損失，その他「通常受ける損失」の補償を認めている。

　若干の補償項目について説明しよう。

　① **通常受ける損失**　「通常受ける損失」とは，被収用者が受ける損失のうち，通常の事情のもとで誰でも受けると認められる経済的損失であり，特別の事情に基づく損失は含まれない。期待的利益の損

失は，期待的利益がその被収用者でなくとも何人でも受けられると確実に期待できる経済上の利益であれば，通常受ける損失に含まれる。したがって一般的には，先祖伝来の土地を手放すことによる苦痛などの精神的損失は，通常受ける損失に含まれない。かつて行政実務では，任意買収の際に慰籍料という見舞金を支払う日本的な慣行があったが，これは補償ではない。また「損失補償基準」では，協力奨励金その他これに類する不明確な名目による補償等の措置は行わないものとしている。

　② **事業損失の補償**）　収用された土地が公共事業に供されたことに基づく損失ないし公共事業の実施によって生じた騒音・震動・悪臭・煤煙等による生活上の不利益は補償の対象になるか。土地収用法は，残地および隣接地等に対する，いわゆるみぞかき補償を定めている。しかし臭気・騒音の被害については明文の規定がない。通説は，第三者の事業損失の補償に否定的であり，立法によるべきであるとする。第三者が受けた臭気・騒音などより生じる損失について，公共事業と損失の間に因果関係のある限り補償を認めるべきであるという見解もある。判例では，国営空港，旧国鉄等の公共施設の操業から生じる騒音被害は，国家賠償法2条の営造物の設置・管理の瑕疵の問題，すなわち損害賠償の問題として処理されている。

　③ **生活補償**）　ダムの下に水没する集落や農地を有する農民あるいは公有水面の埋立てにより漁業権を失う漁民のように，収用の結果，生活基盤や職業を失う場合には，収用財産に対する金銭的補償だけでは足りず，生活再建のための補償の必要性がある。従来このような生活全体に対する補償は認められなかったが，生活再建を考慮する立法例として，公共用地の取得に関する特別措置法や水源地域対策特別措置法等があり，生活再建のための措置として，宅地・農地等の取得，住宅・店舗等の取得，職業の紹介・指導・訓練，環境の整備等を定めている。

(d) **補償額算定の基準時**

　土地収用法71条は，収用する土地および残地の損失補償の額について，「近傍類地の取引価格等を考慮して算定した事業認定の告示の時における相当な価格に，権利取得裁決の時までの物価の変動に応ず

る修正率を乗じて得た額とする」と規定している。これは，旧土地収用法が補償額の算定時期を収用裁決時の地価を基準として算出していたものを改めて，「事業認定の告示の時」を補償額の算定基準時とすることによって，土地価格の固定化・ゴネ得の防止を図ったものである。事業認定時主義の趣旨は，事業認定の時以後に生ずる開発利益と通常の地価の上昇分を補償額から排除することにある。しかし，開発利益の適正化の問題は受益者負担，開発利益の平均化によるべきであり，また，地価の通常の上昇は法の許容するところであるから，これを「ゴネ得」というのは筋違いであろう。

　土地収用法71条については，それに合理的理由があるか，また憲法に適合するかどうかの問題があり，この点について学説は分れている。損失補償の本質からいえば，損失補償の額は実際に損失が生ずる時の額，すなわち権利取得の時期の価格でなければならない。判例は，補償金支払請求，さらに加算金，過誤金，物価スライドなどの土地収用法の制度を根拠にして，事業認定時価格固定制を合憲としている（東京高判平5・8・30行集44巻8＝9号720頁）。

　以上に対する例外は，残地収用の場合の所有者以外の権利者に対する補償で，その額は，権利取得裁決の時における相当な価格である。また，物件の移転料，離作料，営業上の損失・建物の移転による賃貸料の損失，その他通常受ける損失などの損失補償の額は，明渡裁決の時の価格によって算定しなければならない。

　(e)　**損失補償の方法**

　損失補償は，原則として，金銭補償の方法によるが，替え地，耕地の造成，工事または移転の代行，宅地の造成など現物補償を認めることもある。また補償の時期については，前払い主義をとるが，前払いは憲法上の要求ではない（最判昭24・7・13刑集3巻8号1286頁）。

Ⅳ　特別法に基づく補償責任

(1)　問題の所在

　国家補償は行政上の損害賠償と公法上の損失補償との二つの制度のもとに展開されてきた。しかし両制度のいずれによっても補償されない損害が存在する。これを学説は，「国家補償の谷間」の問題と称し

Ⅳ 特別法に基づく補償責任

ている。例えば，違法無過失の行政活動による被害は，損害賠償や損失補償の制度では救済されない。このような場合，損害発生の結果について国や公共団体が負うべき結果責任が問題となる。しかし結果責任に関する立法や理論はまだ整備されておらず，今後の課題であるということができる。現行法では，公正ないし社会的正義という視点のもとに，「国家補償の谷間」の問題領域について，不十分ながら個別の特別法で対処している。以下に現行の立法例を示しておこう。

(2) 立 法 例
(a) **原因行為が違法ではあるが，公務員に故意過失がない場合**

この場合の国家補償責任を定める立法例としては，刑事補償法（誤判に基づく刑の執行に対する補償），消防法6条3項（防火対象物の改修等の命令が裁判により取消された場合の補償），国税徴収法112条2項（差押えられた動産等の売却決定が取消された場合に生じた損害の賠償）などがある。

(b) **正当な行為の結果として損害が生じた場合**

この場合の立法例としては，刑事補償法（未決拘留に対する補償），文化財保護法41条・52条（文化庁長官による国宝の修理またはその命令・勧告による重要文化財の公開によって生じた損害の補償），予防接種法16条〜19条の4（予防接種健康被害救済制度）がある。

このような特別の法律の規定が十分でない場合に，国の補償責任を根拠づけるためには，損害賠償もしくは損失補償いずれかの制度に乗せるしかない。いわゆる予防接種については，国の塡補責任を認める必要があることは当然として，その救済を損害賠償的構成によって行うか，損失補償的構成によって行うかの基本的な対立があり，さらに，結果責任説や危険責任説が主張されている。最高裁は，被接種者が禁忌者に該当していたと推定し，接種実施者の過失認定を容易にすることによって，国家賠償法1条に基づく損害賠償責任を認めた（最判平3・4・19民集45巻4号367頁＝小樽予防接種禍事件）。

(c) **危険状態に基づいて損害が生じた場合**

立法例としては，国家公務員災害補償法（公務災害に対する補償），警察官の職務に協力援助した者の災害給付に関する法律（公務協力者に対する補償），日本国に駐留するアメリカ合衆国軍隊等の行為による特別損失の補償に関する法律（アメリカ合衆国軍隊または国際連合の軍隊の行為

による損失の補償）などがある。しかし危険状態に置かれたということだけから補償請求権を根拠づけることは困難であり（最判平9·3·13民集51巻3号1233頁＝戦争犠牲者補償訴訟），危険状態から生じた損失の填補を法律が認める場合にも，そのような法律が国家補償的性質だけをもつとは限らず，社会保障的性格を併せもつこともある（最判昭53·3·30民集32巻2号435頁＝原爆医療法事件）。

判例索引

○大審院
大 5・6・1 人民録 22 輯 1088 頁＝徳島小学校遊動円棒事件…… 165

○最高裁判所
昭 24・7・13 刑集 3 巻 8 号 1286 頁 ………………………………… 174
昭 27・1・25 民集 6 巻 1 号 22 頁… 144
昭 27・10・8 民集 6 巻 9 号 783 頁＝警察予備隊事件………… 130
昭 28・12・23 民集 7 巻 13 号 1561 頁 …………………………… 137
昭 28・12・23 民集 7 巻 13 号 1523 頁＝農地改革事件………… 171
昭 28・12・24 民集 7 巻 13 号 1604 頁 …………………………… 142
昭 29・7・30 民集 8 巻 7 号 1463 頁＝京都府立医大事件………… 131
昭 29・8・24 刑集 8 巻 8 号 1372 頁 ……………………………… 63
昭 30・4・19 民集 9 巻 5 号 534 頁＝公務員個人責任請求事件…… 164
昭 30・12・26 民集 9 巻 14 号 2070 頁 …………………………… 63
昭 31・11・3 民集 10 巻 11 号 1502 頁＝非番警察官強盗事件…… 161
昭 33・9・9 民集 12 巻 13 号 1949 頁 ……………………………… 99
昭 33・7・1 民集 12 巻 11 号 1612 頁 ……………………………… 22
昭 34・6・26 民集 13 巻 6 号 846 頁 ……………………………… 54
昭 34・8・18 民集 13 巻 10 号 1286 頁 …………………………… 136
昭 35・6・8 民集 14 巻 7 号 1206 頁＝衆議院解散事件………… 130
昭 35・7・12 民集 14 巻 9 号 1744 頁 …………………………… 132
昭 35・10・19 民集 14 巻 12 号 2633 頁＝懲罰決議等取消請求事件 …………………………………… 32
昭 36・2・16 民集 15 巻 2 号 244 頁＝輸血梅毒事件…………… 164
昭 36・3・15 民集 15 巻 3 号 467 頁 …………………………… 132
昭 36・3・28 民集 15 巻 3 号 595 頁 …………………………… 132
昭 36・4・21 民集 15 巻 4 号 850 頁 …………………………… 138
昭 37・1・19 民集 16 巻 1 号 57 頁＝公衆浴場距離制限事件 ………………………………… 28, 135
昭 37・4・10 民集 16 巻 4 号 699 頁＝公水使用権事件 ………… 30
昭 37・7・5 民集 16 巻 7 号 1437 頁 ……………………………… 65
昭 38・6・4 民集 17 巻 5 号 670 頁 …………………………… 132
昭 38・6・26 刑集 17 巻 5 号 521 頁＝奈良県ため池条例事件…… 171
昭 39・10・29 民集 18 巻 8 号 1809 頁＝東京都ごみ焼却場設置事件 ………………………… 58, 131, 132
昭 40・4・28 民集 19 巻 3 号 721 頁 …………………………… 137

177

判例索引

昭40・8・2民集19巻6号1393頁
　………………………………… 137
昭40・11・19判時430号24頁… 133
昭41・2・8民集20巻2号196頁
　＝国家試験合否判定事件…… 130
昭41・2・23民集20巻2号271
　頁＝土地区画整理事業事件＝
　高円寺青写眞訴訟 ……… 81, 133
昭41・2・23民集20巻2号320
　頁＝農業共済保険料強制徴収
　事件 …………………………… 95
昭42・5・2民集21巻5号1043頁
　＝朝日訴訟 ……………… 30, 138
昭43・1・29民集13巻1号32頁
　………………………………… 132
昭43・11・7民集22巻12号2421
　頁 ……………………………… 69
昭43・11・27刑集22巻12号1402
　頁＝名取川事件………………… 170
昭43・12・24民集22巻13号3147
　頁＝墓地埋葬通達事件 … 78, 132
昭43・12・24民集22巻13号3254
　頁（＝東京12チャンネル事件）
　………………………………… 135
昭45・7・15民集24巻7号771頁
　………………………………… 131
昭45・8・20民集24巻9号1268
　頁＝高知国道落石事件……… 167
昭46・1・20民集25巻1号1頁
　…………………………… 76, 132
昭46・10・28民集25巻7号1037
　頁＝個人タクシー事件……… 141
昭47・4・20民集26巻3号507頁
　………………………………… 132

昭47・5・30民集26巻4号851頁
　＝破壊消防事件……………… 171
昭47・11・22刑集26巻9号554
　頁＝川崎民商事件 …………… 89
昭47・11・30民集26巻9号1746
　頁＝長野勤評事件……………… 152
昭48・1・19民集27巻1号1頁
　………………………………… 136
昭48・7・10刑集27巻7号1205
　頁＝荒川民商事件 …………… 89
昭48・10・18民集27巻9号1210
　頁……………………………… 171, 172
昭49・2・5民集28巻1号1頁＝
　築地卸売市場使用許可撤回事
　件 ……………………… 70, 171
昭49・7・1民集28巻5号897頁
　………………………………… 131
昭49・11・6刑集28巻9号393頁
　＝猿払事件 …………………… 53
昭49・12・12民集28巻10号2028
　頁……………………………… 162
昭50・2・25民集29巻2号143頁
　＝国の安全配慮義務違反事件
　………………………………… 51
昭50・4・11訟月21巻6号1294
　頁＝平城京訴訟……………… 170
昭50・6・26民集29巻6号8後1
　頁＝赤色灯標柱倒壊事件…… 167
昭50・7・25民集29巻6号1136
　頁＝放置大型車衝突事件…… 167
昭50・11・28民集29巻10号1797
　頁……………………………… 147
昭50・11・28民集29巻10号1754
　頁＝熊野市鬼ケ城事件……… 169

昭52·3·15 民集 31 巻 2 号 234 頁
 ＝富山大学単位不認定事件
 ………………………… 32, 130
昭52·3·15 民集 31 巻 2 号 280 頁
 ………………………………… 132
昭52·12·20 民集 31 巻 7 号 1101
 頁＝神戸税関事件 …………… 23
昭52·12·23 判時 874 号 34 頁… 132
昭53·2·23 民集 32 巻 1 号 11 頁＝
 議員報酬事件 ………………… 30
昭53·3·14 民集 32 巻 2 号 211 頁
 ＝主婦連ジュース訴訟… 134, 136
昭53·3·30 民集 32 巻 2 号 435 頁
 ＝原爆医療法事件…………… 176
昭53·7·17 民集 32 巻 5 号 1000 頁
 ………………………………… 165
昭53·9·7 刑集 32 巻 6 号 1672 頁
 ＝警察官職務執行法による所
 持品検査事件 ………………… 89
昭53·10·4 民集 32 巻 7 号 1223 頁
 ＝マクリーン事件 …………… 22
昭53·10·20 民集 32 巻 7 号 1367
 頁＝芦別国賠訴訟…………… 163
昭53·12·8 民集 32 巻 9 号 1617 頁
 ………………………………… 132
昭54·12·25 民集 33 巻 7 号 753 頁
 ＝ポルノ税関検閲訴訟……… 132
昭55·9·22 刑集 34 巻 5 号 272 頁
 ＝自動車の一斉検問事件 …… 89
昭55·1·25 判時 1008 号 136 頁… 137
昭56·1·27 民集 35 巻 1 号 35 頁
 ＝沖縄県工場誘致政策変更事
 件 ……………………………… 81
昭56·4·7 民集 35 巻 3 号 443 頁
 ＝板まんだら事件…………… 130
昭56·4·24 民集 35 巻 3 号 672 頁
 ………………………………… 138
昭56·7·14 民集 35 巻 5 号 901 頁
 ………………………………… 145
昭56·12·16 民集 35 巻 10 号 1369
 頁＝大阪国際空港訴訟… 153, 167
昭57·1·19 民集 36 巻 1 号 19 頁＝
 ナイフ 1 時保管懈怠事件… 23, 163
昭57·3·12 民集 36 巻 3 号 329 頁
 ＝裁判官の職務行為事件…… 163
昭57·4·1 民集 36 巻 4 号 519 頁＝
 税務署職員健康診断事件
 ………………………… 161, 162
昭57·4·8 民集 36 巻 4 号 594 頁
 ………………………………… 138
昭57·4·22 民集 36 巻 4 号 705 頁
 ＝完結型計画·盛岡用途地域指
 定事件………………………… 133
昭57·5·27 民集 36 巻 5 号 777 頁
 ………………………………… 132
昭57·7·15 民集 36 巻 6 号 1169 頁
 ………………………………… 132
昭57·7·15 判時 10537 号 9 頁＝
 郵便貯金目減り訴訟………… 130
昭57·9·9 民集 36 巻 9 号 1679 頁
 ＝長沼ナイキ基地事件… 135, 138
昭58·2·18 民集 37 巻 1 号 59 頁
 ＝石油貯蔵タンク移転事件… 171
昭58·2·18 民集 37 巻 1 号 101 頁
 ＝トランポリン喧嘩事件…… 161
昭59·1·26 民集 38 巻 2 号 53 頁
 ＝大東水害訴訟……………… 168
昭59·3·23 民集 38 巻 5 号 475 頁

= 新島漂着砲弾爆破事件
　　……………………… 22, 163
昭59・10・26民集38巻10号1169
　頁＝仙台建築確認事件……… 137
昭59・12・12民集28巻12号1308
　頁＝札幌税関検閲訴訟……… 132
昭60・6・6判例地方自治16号60
　頁……………………………… 138
昭60・7・16民集39巻5号989頁
　＝建築確認保留国家賠償事件
　…………………………………… 87
昭60・11・21民集39巻7号1512
　頁＝在宅投票制廃止事件
　…………………………… 161, 163
昭60・12・17民集39巻8号1821
　頁＝伊達火力発電所事件…… 136
昭60・12・17判時1179号56頁… 132
昭61・2・13民集40巻1号1頁… 132
昭61・3・25民集40巻2号472頁
　＝点字ブロック事件………… 166
昭62・2・6判時1232号100頁＝
　プール飛び込み事故事件…… 160
昭62・9・22判時1285号25頁（＝
　青写真論）……………………… 133
昭63・1・21判時1270号67頁＝
　福原輪中堤訴訟……………… 171
昭63・10・28刑集49巻8号1239
　頁………………………………… 63
平元・7・4判時1336号86頁 … 152
平元・2・17民集43巻2号56頁＝
　新潟空港事件 ………………… 135
平元・4・13判時1313号121頁＝
　近鉄特急事件………………… 136
平元・6・20判時1334号201頁＝

伊場遺跡事件………………… 136
平元・11・8（決定）判時1328号16
　頁＝武蔵野市マンション事件… 99
平元・11・24民集43巻10号1169
　頁＝宅地業法上の監督権限不
　行使事件 ………………… 22, 163
平2・2・1民集44巻2号369頁 … 76
平2・12・13民集44巻9号1186
　頁＝多摩川水害訴訟………… 166
平3・4・19民集45巻4号367頁
　＝小樽予防接種禍事件……… 175
平3・4・26民集45巻4号653頁
　＝水俣病認定遅延訴訟……… 161
平3・7・9民集45巻6号1049頁… 76
平4・9・22民集46巻6号571頁
　＝もんじゅ原発訴訟 ………… 135
平4・9・22民集46巻6号1090頁
　＝もんじゅ原発訴訟………… 149
平4・1・24民集46巻1号54頁＝
　八鹿町土地改良事件………… 137
平4・10・29民集46巻8号1174頁
　＝伊方原発訴訟 … 22, 24, 135, 143
平4・11・26民集46巻8号2658
　頁 ……………………………… 132
平5・2・18民集47巻2号574頁
　＝武蔵野市教育施設負担金事
　件 ………………………… 87, 160
平5・2・25民集47巻2号643頁
　＝厚木基地訴訟……………… 153
平5・3・16民集47巻5号383頁
　＝家永教科書訴訟………… 22, 76
平5・3・30民集47巻4号3226頁
　＝テニス審判台転倒死亡事件
　………………………………… 167

平 5・9・10 民集 47 巻 7 号 4955 頁
　………………………………… 137
平 6・1・20 判時 1502 号 98 頁＝福
　岡空港訴訟…………………… 153
平 6・4・19 判時 1513 号 94 頁 … 132
平 6・9・27 判時 1518 号 10 頁 … 135
平 6・10・27 判時 1514 号 28 頁＝
　長良川安八水害訴訟………… 168
平 7・2・22 刑集 49 巻 2 号 1 頁＝
　ロッキード丸紅ルート訴訟 … 87
平 7・6・23 民集 49 巻 6 号 1600 頁
　＝クロロキン訴訟…………… 163
平 7・7・7 民集 49 巻 7 号 1870 頁
　＝国道 43 号線訴訟 ………… 167
平 7・11・9 判時 1551 号 64 頁 … 137
平 8・2・22 判時 1560 号 72 頁 … 132
平 9・1・28 民集 51 巻 1 号 250 頁
　………………………………… 135
平 9・3・13 民集 51 巻 3 号 1233 頁
　＝戦争犠牲者補償訴訟……… 176
平 10・4・10 民集 52 巻 3 号 677 頁
　………………………………… 138
平 10・12・17 民集 52 巻 9 号 1821
　頁……………………………… 136
平 11・7・19 判時 1688 号 123 頁… 22
平 11・11・19 民集 53 巻 8 号 1862
　頁……………………………… 145
平 12・3・17 判時 1788 号 62 頁… 136
平 14・1・17 民集 56 巻 1 号 1 頁
　………………………………… 132
平 14・3・28 民集 56 巻 3 号 613 頁
　………………………………… 136
平 14・7・9 民集 56 巻 6 号 1134 頁
　＝宝塚市パチンコ規制条例事

件……………………………… 130
平 14・9・11 判時 1801 号 28 頁… 165
平 17・12・7 民集 59 巻 10 号 2645
　頁＝小田急高架化訴訟……… 136
平 18・7・14 民集 60 巻 6 号 2369
　頁……………………………… 132
平 20・9・10 民集 63 巻 8 号 2029
　頁……………………………… 82, 132
平 21・10・15 民集 63 巻 8 号 1711
　頁……………………………… 136
平 21・11・26 民集 63 巻 9 号 2124
　頁……………………………… 138
平 22・3・2 判時 2076 号 44 頁 … 167

○高等裁判所
東京　昭 42・10・20 高民 20 巻 5
　号 458 頁＝世田谷砧町日照妨
　害事件 ………………………… 94
仙台　昭 46・3・2 行集 22 巻 3 号
　297 頁………………………… 136
東京　昭 48・7・13 行集 24 巻 6＝
　7 号 533 頁＝日光太郎杉事件
　………………………………… 141
東京　昭 49・4・30 高民集 27 巻 3
　号 136 頁＝国立歩道橋事件… 132
東京　昭 56・11・13 判時 1028 号 45
　頁……………………………… 160
東京　平 5・8・30 行集 44 巻 8＝9
　号 720 頁……………………… 174
東京　平 15・9・11 判時 1845 号 5
　頁 ……………………………… 22
東京　平 19・11・15 判タ 1277 号
　67 頁 ………………………… 151
名古屋高金沢支　平 15・11・19 判
　タ 1167 号 153 頁 …………… 110

判例索引

○地方裁判所

東京 昭38・7・29 行集14巻7号1316頁＝丸坊主刈り事件 … 152

東京 昭39・6・19 下級民集15巻6号1438頁＝安保教授団事件 …………………… 162

東京 昭42・5・10 下刑集9巻5号638頁 ……………… 73

東京 昭48・11・6 行集24巻11＝12号1191頁 …………… 136

東京 昭52・11・17 判時857号17頁＝千葉県野犬咬死事件 …… 24

東京 昭53・8・3 判時899号48頁＝東京スモン訴訟 ……… 24, 163

松山 昭59・2・29 行集35巻4号461頁 ……………… 22

大阪(決) 平17・7・25 判タ1221号260頁 ……………… 155

東京(決) 平18・1・25 判時1931号10頁 ……………… 154

大阪(決) 平18・8・10 判タ1224号236頁 ……………… 155

東京 平18・10・25 判時1956号62頁 ……………… 151

東京 平19・5・31 判時1981号9頁 ……………… 151

岡山(決) 平19・10・15 判時1994号26頁 ……………… 155

大阪 平20・1・31 判タ1268号152頁 ……………… 152

東京 平20・2・29 判時2013号62頁 ……………… 152

広島 平21・10・1 判時2060号3頁＝鞆の浦訴訟 ……… 152

大阪(決) 平18・12・12 判タ1236号140頁 ……………… 156

事項索引

あ
新しい公権論 …………………29
安全配慮義務 …………………50
安全保障会議 …………………43

い
イエリネック（1851～1911）…28
異議申立て……………………117～
異議申立前置主義 ……………118
一般概括主義…………………117～
一般権力関係 …………………30
一般職 …………………………47
一般的な行政調査 ……………88
委任命令 ………………………76
違法性 …………………………162
違法な行政調査の効果 ………89
違法の行政行為の転換 ………71～
違法判断の基準時……………143～

う
訴えの取下げ …………………146
訴えの利益（狭義の）………136～

お
公の営造物の賠償責任………165～
　──の設置・管理の瑕疵…166～
オットー・マイヤー（1846～1924）
　………………………………16

か
概括主義 ………………………129
外　局 …………………………43～
会計検査院 ……………………38
外形主義 ………………………161
戒　告 …………………………93
解釈基準 ………………78, 134～
改修済河川 ……………………168
階層的─官僚制モデル ………37
開発利益 ………………………174
閣　議 …………………………42
各省大臣 ………………………43
確　認 …………………………61
確認的行政行為 ………………62
確認訴訟 ………………125, 127
瑕疵の治癒 ……………………70～
過失責任主義 …………………161
過失の推定 ……………………162
河川の設置・管理の瑕疵……167～
下　命 …………………………60
仮処分の排除 …………………153
仮の義務付け …………………157
仮の差止め……………………155～
仮の権利保護 ………………153～
仮命令手続 ……………………155
過　料 …………………………98
管　轄 …………………………139
環境影響評価（環境アセスメント）
　………………………………112
完結型計画 ……………………79
監査機関 ………………………38
慣　習 …………………………11
完全補償 ………………………172
監　視 …………………………41

き
議　会 …………………………46
　──の解散権 …………………46
機関訴訟 ………………………128
機関の瑕疵 ……………………66

183

事項索引

棄却の裁決 …………………………121
棄却の判決 …………………………146
期　限 ………………………………73
規制規範 ……………………………19
規制権限の不行使 …………………163
規制的行政指導 ……………………86
覊束行為 ……………………………62
覊束裁量 ……………………………25
機能的（供用関連）瑕疵 …………167
義務付け訴訟………………………150 ～
　　――の訴訟要件………………150 ～
　　――の本案勝訴要件 …………151
却下の裁決 …………………………121
却下の判決 …………………………146
客観訴訟 ……………………………126
客観的明白説 ………………………65
求償権 ………………………………168
給付拒否 ……………………………99
給付行政……………………………5 ～
給付訴訟…………………125 ～, 127
協　議 ………………………………42
強行法規 ……………………………27
教　示 ………………………………140
教示制度……………………………122 ～
強制調査 ……………………………88
行　政 ………………………………1
　　――に固有な法 ………………8
　　――の憲法具体化機能 ………7
　　――の公益実現機能 …………7
　　――の消極的定義……………3 ～
　　――の積極的定義 ……………3
　　――の多様性 …………………4
行政機関 ……………………………37 ～
行政機関相互の関係 ………………41 ～

行政基準の設定・公表………108 ～
行政規則 ……………………………77 ～
　　――の概念 ……………………77
　　――の拘束力 …………………78
　　――の種類 ……………………77 ～
　　――の法的性質 ………………77
行政計画 ……………………………79 ～
　　――に対する権利保護 ………81
　　――の概念 ……………………79
　　――の種類 ……………………79 ～
　　――の変更・廃止 ……………81
　　――の法的規制 ………………80 ～
　　――の法的形式 ………………80
行政刑罰 ……………………………97 ～
行政契約 ……………………………82 ～
　　――の位置づけ ………………84
　　――の概念 ……………………82
　　――の種類 ……………………82 ～
　　――の問題点 …………………85
行政行為 ……………………………58 ～
　　――の概念 ……………………58
　　――の瑕疵 ……………………64 ～
　　――の機能 ……………………59
　　――の公定力機能 ………59, 63
　　――の効力 ……………………62 ～
　　――の執行力 …………………64
　　――の訴訟法的機能 …………59
　　――の撤回 ……………………69 ～
　　――の手続法的機能 …………59
　　――の取消し …………………67 ～
　　――の取消権の制限 …………68 ～
　　――の不可争力 ………………63 ～
　　――の不可変更力 ……………64 ～
　　――の附款 ……………………72 ～

184

事項索引

──の分類……………59～, 62
──の法律具体化機能 ………59
──の無効 ……………64～
──の有効性の原則 …………63
行政行為無効と取消しの区別の
　基準 ……………………65～
行政サービス提供に係る契約
　………………………………83
行政裁判所 ……………9～, 15
行政裁量 ………………20～
──の現象形態 ……………21
行政指導 ……………85～, 104
──に関する手続 …………103
──の一般原則 ……………87
──の違法の効果 …………88
──の概念 …………………85
──の機能 …………………85～
──の種類 …………………86
──の方式 …………………88
──の法的規制 ……………86～
行政処分手続………………110～
行政強制 ………………91～
──の概念 …………………91
──の種類 …………………92
行政強制と民事強制 ………95
行政主体 ………………35～
行政手段の調達のための契約 …83
行政上の強制徴収 …………92
行政上の事務に関する契約 ……82
行政上の法律関係 ………30～
行政審判…………………123～
行政政策 ……………………62
行政訴訟……………………125～
──の意義……………………125

──の種類……………………125～
行政庁 ………………………38～
行政調査 …………………88～
──の概念 …………………88
──の問題点 ………………89
行政手続……………………101～
──の意義 …………………101
──の機能 …………………102
──の種類 …………………102
──の理念……………………101
行政手続法…………………103～
──の原則 …………………104～
──の対象 …………………103～
──の適用除外 ……………104
──の目的 …………………103
行政罰 ………………………96～
──の概念 …………………96
──の種類と根拠 …………97
行政便宜主義 ………………94
行政文書の開示請求権………114～
行政法 ……………………7～
──の解釈 …………………12～
──の強行性 ………………17
──の対象 …………………7～
──の法源 …………………10～
行政立法 ……………………75～
許　可……………………41, 60～
極めて高度の専門技術的裁量 …22
禁　止 ………………………60
金銭債権の消滅時効 …………30

く

苦情処理制度 ………………124
具体的な無効原因 …………66～
国地方係争処理委員会 …………128

事項索引

国と地方公共団体の役割分担 …35
国の関与に関する訴え………128～
国の行政組織 …………………42～
訓　令 …………………………41, 51
訓令・通達の区別 ………………78

け

計画行政 …………………………6
計画裁量 …………………………80
計画策定手続 …………………80～
警　察 ……………………………5
経済的負担 ………………………99
形式的行政行為 …………………84
形式的権限 ………………………40
形式的公権 ………………………28
形式的当事者訴訟 ……………127
形式の瑕疵 ……………………66～
形成行為 …………………………60
形成訴訟 ………………………125
形成的行政行為 …………………62
結果責任 ………………………175
権　限 …………………………39～
　——の委任 ……………………40
　——の代行 ……………………40
　——の代理 ……………………40
　——の範囲 …………………39～
権限規範 …………………………19
現在の法律関係に関する訴え …149
原処分主義 ……………………127
権利に対する補償 ……………172
権力行政 …………………………5
権力説 ……………………………9
権力留保説 ………………………18

こ

故意・過失………………………161～

行為形式 ………………………57～
　——の機能 …………………57～
　——の行政目的実現機能 ……57
　——の合理化機能 ……………57
　——の複雑性縮減機能 ………57
　——の法治国的機能 …………57
行為裁量 …………………………23
効果裁量 …………………………23
公害防止協定 …………………82～
合議制 ……………………………39
公共組合 …………………………36
公共事業差止訴訟………………152～
公共団体 …………………………35
公　権 …………………………27～
　——の相対性 …………………30
　——の不融通性 ………………30
公権力の行使 …………………160
　——に基づく賠償責任……160～
抗告訴訟 ………………………126
公　証 ……………………………61
控除説 ……………………………3
公聴会 …………………………106
交通事件即決裁判手続 …………98
口頭弁論の権利 ………………125
高度の専門技術的裁量 …………22
行動指導的行政規則 ……………77
公　表 ……………………………99
公平委員会 …………………46, 49
公平審査……………………… 123～
公法契約 ………………………83～
公法上の法律関係に関する訴訟
　　……………………………127
公法と私法の区別 ………………9
　——の不要論 …………………9

186

事項索引

個別判断説 …………………144
公務員 ………………47〜, 160
　──になるための要件 ……49〜
　──の刑事責任 ……………54
　──の給与請求権 …………50
　──の義務 ………………51〜
　──の権利 …………………50
　──の降任 …………………48
　──の公務災害補償請求権 …50
　──の個人責任 ……………164
　──の採用 …………………48
　──の資格要件 ……………49
　──の昇任 …………………48
　──の辞職 …………………54
　──の失職 …………………54
　──の職務専念義務 ………51
　──の信用保持義務 ………51
　──の政治行為の制限 ……53, 76
　──の措置要求権 …………50
　──の退職手当・年金等を受け
　　る権利 …………………50
　──の定年 …………………54
　──の転任 …………………48
　──の責任 ………………53〜
　──の懲戒責任 ……………53
　──の任用 ……………48, 82
　──の能力要件 …………49〜
　──の秘密を守る義務 ………51
　──の身分を保有する権利 …50
　──の免職 …………………54
　──の服従義務 …………51〜
　──の弁償責任 ……………54
　──の離職 …………………54
　──の臨時任用 ……………48

　──の労働基本権の制限 ……52
公務員制度の改革 ……………55
公務員倫理の保持 ……………53
国税滞納処分 …………………92
国家公務員倫理法 ……………53
国家責任……………………157〜
国家の権限 ……………………29
国家補償 ……………………157
　──の谷間 …………………174
個別的な行政調査 ……………88

さ

再　議 ………………………46
裁　決………………………121〜
　──の効力 …………………121
財産管理のための契約 ………83
財産区 …………………………36
再審査請求 …………………118
裁判上保護に値する利益説 ……134
裁量基準 …………………24, 77
裁量権の踰越・濫用 ………26, 140
裁量行為 ………………25, 62
裁量収縮 ………………23〜, 26
差止訴訟 ……………………152
作用規範 ………………………19
参与機関 ………………………38

し

指揮監督 …………………41〜
事業損失 ……………………173
私経済的作用に基づく賠償責任
　…………………………164〜
自己責任説………………159〜
事情裁決 ……………………121
事情判決 ……………………147
指針的計画 …………………80

187

事項索引

事前の行政手続	103〜
自　治	35
自治事務	35
執行機関	38
執行停止	120, 153
執行罰	95
執行不停止の原則	120, 153
執行命令	75
実施庁	45
実質的権限	39
実質的公権	28
実質的証拠の法則	124
実質的当事者訴訟	127〜
実体的審査方式	144
指定法人	37
私法契約	83
司法作用	163
諮問機関	38
諮問手続	113
社会保障	6
社会留保説	18
自由権	28
自由裁量	25
重大かつ明白説	51, 65〜
住民訴訟	128
重要事項留保説	18
受益権	28
授益的行政行為	62
主観的訴訟	126
釈明処分	142
授権代理	40
出訴期間	139
守備範囲論	167
受　理	61
省・委員会・庁	43〜
条　件	72〜
証拠書類の提出	120
情報公開制度	114〜
情報公開審査会	115
情報の提供	110
証明責任	142〜
条　理	11
条　約	11
職務義務	161
職務行為基準説	163
職務命令	51〜
職務を行うについて	161
助　成	6
助成的行政指導	86
職階制	48〜
職権証拠調べ	142
職権審理主義	142
職権探知	120, 142
職権による取消し	68
処　分	103, 117
——に関する手続	103
——に対する不服申立て	118〜
——の取消しの訴え	126
処分基準	77〜
処分時説	144
処分性	131〜
書面審理主義	120
侵害行政	5
侵害の行政行為	62
侵害留保説	18
審議会	45
審査基準	77〜, 140
審査権の範囲と密度	140

事項索引

審査請求……………………118〜
　——の終了……………………120〜
　——の審理……………………120
　——の取下げ…………………120
　——の方式……………………119〜
審査請求期間……………………119
審査請求書………………………119
審査請求前置……………………139
審査請求人………………………119
審査請求録書……………………119
審査方式…………………………141
審査密度…………………………141〜
新主体説……………………………9
申　　請…………………………110
　——の意義……………………110
　——の審査……………………110
　——の成立……………………110
申請手続…………………………110
人事委員会……………………46, 49
人事院………………………………49
信頼保護……………………………69
心理的プレッシャー ………… 99〜

せ

生活配慮……………………………6
生活補償…………………………173
制裁処分……………………………99
政治政策的裁量……………………22
成績主義……………………………48
正当な補償………………………170
政府契約……………………………84
政　　令……………………………75
政令指定都市………………………36
責務規範……………………………19
専　　決……………………………41

専決処分……………………………47
専門技術的裁量………………22, 26
全部留保説…………………………18

そ

総合計画……………………………80
相互保証主義……………………169
争訟による取消し…………………68
争点訴訟…………………………149
相当の期間………………………150
相当補償…………………………172
即時強制……………………………96
　——の概念……………………96
　——の手段……………………96
　——の法的性質………………96
組織規範……………………………19
組織過失…………………………162
組織的行政規則……………………77
訴訟判決…………………………146
租税行政……………………………7〜
損害賠償…………………………158〜
損失補償…………………………169〜
　——の概念……………………169
　——の対象と範囲……………172
　——の内容……………………172〜
　——の法的根拠………………170
　——の方法……………………174
　——の要件……………………171〜
　——の理論的根拠……………170

た

ダイシー（1835〜1922）…………9
代位責任説………………………159〜
代　　決……………………………41
第三者効を有する行政行為 ……62
代執行……………………………92〜

189

事項索引

――に対する抵抗の排除 ……94
――の実行 ……………………94
――の手続 …………………93～
――の費用の徴収 ……………94
――の要件 ……………………93
対人的権限 ……………………40
代　理 …………………………61
他事考慮 ………………………140
脱警察化 ………………………5
団体訴訟 ………………………136

ち
地域的権限 ……………………39
秩序維持行政 ………………5～
秩序罰 …………………………98
地方開発事業団 ………………36
地方公共団体 ………………35～
　　――の行政組織 …………46～
　　――の組合 ………………36
　　――の自主法 ……………11
地方公社 ………………………37
地方公務員 ……………………47
地方自治の本旨 ………………35
地方支分部局 …………………45
中核市 …………………………36
中央官庁 ………………………39
長 ………………………………46
　　――の不信任決議 ………46
調整的行政指導 ………………86
調達行政 ………………………7
聴　聞 ………………………104～
聴聞手続 ……………………110～
直接強制 ……………………95～
直近上級行政庁 ………………118

つ
通常受ける損失 ……………172～
通常の専門技術的裁量 ………22
通常有すべき安全性 ………166～
通　達 …………………………41
通　知 …………………………61

て
手続の瑕疵 ……………………71
手続的審査方式 ………………141
撤　回 ………………………69～
　　――の許容性 ……………70
　　――の効果 ………………70
撤回権の留保 …………………73
撤回自由の原則 ……………69～

と
当事者訴訟 ……………………127
統治行為 ………………………130
道路の設置・管理の瑕疵 ……167
特殊法人 ………………………36
特定部門計画 …………………80
独立行政法人 ………………36～
独任制 …………………………39
特別官庁 ………………………39
特別区 …………………………36
特別権力関係 ……………30～，52
特別職 …………………………47
特別地方公共団体 ……………36
特別の犠牲 ……………………170
特別法に基づく補償責任 …174～
特例市 …………………………36
特命担当大臣 …………………43
特　許 …………………………60
届出に関する手続 ……………104
取消し …………………………42

190

——の効果 …………………69	パブリック・コメント手続……113
取消し・撤回の区別 …………67	判決時説…………………………144
取消権の制限 ……………………68	反則（犯則）金制度 …………98
取消訴訟 …………………120〜, 130〜	判断裁量 ……………………21〜
——の原告適格……………133〜	判　例 ……………………………11
——の終了…………………145〜	反論書……………………………120
——の審理…………………140〜	**ひ**
——の訴訟物………………………131	被害者負担………………………158
——の対象 …………………………131	非完結型計画 ……………………79
取消判決 …………………………146〜	標準処理期間 ……………………109
——の既判力 ………………………147	平等原則…………………………140〜
——の形成力 ………………………147	比例原則…………………………140〜
——の拘束力 ………………………147	比較法的解釈 ……………………13
——の種類 …………………………146	**ふ**
な	不確定法概念 ……………………21
内　閣 …………………………42〜	服従義務の限界 ……………51〜
内閣総理大臣 …………………42〜	不告不理の原則 …………………120
——の異議の制度 …………153	不作為……………………………117
内閣府 ……………………………43	不作為に対する不服申立て……122
内閣府令 …………………………11	不作為の違法 ……………………150
内閣法制局 ………………………43	不作為の違法確認の訴え………150
内部部局 …………………………45	——の原告適格 ……………150
内容の瑕疵 ………………………67	附　款 …………………………72〜
に	——に対する権利保護 ………73
二元的代表制 ……………………46	——の種類 …………………72〜
任意調査 …………………………88	——の適法性 …………………73
任意聴聞 …………………………105	負　担 ……………………………73
認　可……………………………41, 60	普通官庁 …………………………39
認可法人 …………………………37	普通地方公共団体 ………………36
認容の裁決 ………………………121	複効的行政行為→第三者効を有する行政行為
認容の判決 ………………………146	
は	附属機関 …………………………47
賠償責任者………………………168〜	不服申立て……………………116〜
罰則を伴う調査 …………………88	——の意義 …………………116

191

事項索引

──の種類 ……………………117
不服申立前置 ……………116, 138
部分社会論 ……………………32
不利益処分 …………………103
　──に対する意見陳述……104〜
分　権 …………………………35
文書閲覧権…………………106〜
分担管理の原則 ……………42
文理的解釈 …………………13

へ

便宜裁量 ………………………25
弁明書 ………………………120
弁明手続 ……………………111〜
弁明の機会 …………………105
返　戻…………………………110

ほ

法　源 ………………………10〜
　──の順位 ……………………12
　──の妥当範囲 ………………12
法規裁量 ………………………25
法規裁量と自由裁量の区別の基準
　………………………………25〜
法規命令 ……………………75〜
法規留保説 ……………………18
報償契約 ……………………82〜
法治国家 ……………………15〜
　──の基本構造 ……………157
法定受託事務 …………………35
法定代理 ………………………41
法定聴聞 ……………………105
法の反射的利益 ………………28
法　律 ………………………10
　──からの離脱禁止 ………17
　──による行政の原理（法治主

義）………………………15〜
　──の執行義務 ………………17
　──の優位の原則 ……………17
法律効果 ………………………21
法律上の争訟…………………129〜
法律上の力（訴訟可能性）………27
法律上保護された利益説 ………134
法律の留保の原則 ……………17〜
　──の適用範囲 ………………18
　──の拡張 …………………19〜
法律要件 ………………………21
法令および上司の命令に服従する
　義務 …………………………51
保護規範 ………………………27
補助機関 ……………………38, 47
補償額算定の基準時…………193〜
補償の要否の判断基準 ………171
本案判決 ……………………146
本質性理論 ……………………18

ま〜み

マックス・ウエバー（1864〜1920）
　………………………………37
未改修河川 …………………168
みぞかき補償 ………………172
民衆訴訟 ……………………128

む

無過失責任主義 ……………165
無効等確認の訴え ……………148
　──の原告適格…………148〜
無効・取消しの区別の基準 …65〜
無効の行政行為 ……………64〜

め〜よ

明白性の意味 ………………65〜
命　令 …………………………11

事項索引

命令行為 …………………………60
命令的行政行為 …………………62
免　除 ……………………………60
目的論的解釈 ……………………13
要件裁量 ………………………21〜
予防的差止訴訟 …………………152
　　　　り〜わ
利益説 ………………………………9
立法的不法 ………………………163
理由の差替え ……………………145
理由の提示………………………107〜

――の意義 ……………………107
――の機能 ……………………108
――の強制…………………109〜
理由附記 …………………………121
両罰規定 …………………………97
臨時的任用 ………………………48
歴史的・発生史的解釈 …………13
列記主義 …………………………117
論理的・体系的解釈 ……………13
和　解 ……………………………146

193

■著者紹介

宮田三郎（みやた・さぶろう）
1930年　秋田県に生まれる
1953年　東北大学法学部卒業
千葉大学名誉教授

　　＜主要著書＞
行政法［学説判例辞典］（東出版，1974年）
行政計画法（ぎょうせい，1984年）
行政裁量とその統制密度〈増補版〉（信山社，1994年・増補版2012年：学術選書）
行政法総論（信山社，1997年）
行政訴訟法〔第2版〕（信山社，2007年）
行政手続法（信山社，1999年）
国家責任法（信山社，2000年）
環境行政法（信山社，2001年）
警察法（信山社，2002年）
〔韓国語：韓貴鉉訳『日本警察法』韓国法制研究院，2003年〕
現代行政法入門〈第2版〉（信山社，2003年・第2版2012年：信山社双書入門編）
行政法の基礎知識(1)～(5)（信山社，2004～2006年）
実践警察法（信山社双書，2012年）

信山社双書
入門編

現代行政法入門（第2版）

| 2003年（平成15年）2月28日 | 第1版第1刷発行 | 3119-01011 |
| 2012年（平成24年）2月28日 | 第2版第1刷発行 | 1292-01011-012 |

著 者　宮　田　三　郎
発行者　今　井　　　貴
発行所　㈱信　山　社
〒113-0033　東京都文京区本郷 6-2-9-102
Tel 03-3818-1019　Fax 03-3818-0344
henshu@shinzansha.co.jp

Ⓒ宮田三郎, Printed in Japan. 2012　印刷・製本/ワイズ書籍・渋谷文泉閣
出版契約書 No.1292-01011
ISBN978-4-7972-1292-1 C3332
1292-012-0150-050
NDC分類 323. 901 C005

JCOPY《(社)出版者著作権管理機構 委託出版物》
本書の無断複写は著作権法上での例外を除き禁じられています。複写される場合は，
そのつど事前に，(社)出版者著作権管理機構（電話 03-3513-6969，FAX 03-3513-6979，
e-mail: info@jcopy.or.jp）の許諾を得てください。

宮田三郎著
行政裁量とその統制密度（増補版）
行政法教科書
行政法総論
行政訴訟法
行政手続法
現代行政法入門（第2版）
行政法の基礎知識(1)
行政法の基礎知識(2)
行政法の基礎知識(3)
行政法の基礎知識(4)
行政法の基礎知識(5)
地方自治法入門

神橋一彦著
行政救済法 4,800円

碓井光明著 政府経費法精義 4000円
碓井光明著 公共契約法精義 3800円
碓井光明著 公的資金助成法精義 4000円
碓井光明著 行政契約法精議 6500円

日本立法資料全集

塩野 宏 編著

行政事件訴訟法（昭和37年）⑴

行政事件訴訟法（昭和37年）⑵

行政事件訴訟法（昭和37年）⑶

行政事件訴訟法（昭和37年）⑷

行政事件訴訟法（昭和37年）⑸

行政事件訴訟法（昭和37年）⑹

行政事件訴訟法（昭和37年）⑺

塩野 宏・小早川光郎 編

行政手続法（全3巻予定）　近刊

憲法判例研究会 編　淺野博宣・尾形 健・小島慎司・宍戸常寿
　　　　　　　　　曽我部真裕・中林暁生・山本龍彦
判例プラクティス憲法 3,880円

松本恒雄・潮見佳男 編
判例プラクティス民法（全3冊完結）

　Ⅰ 総則物権 3,600円　**Ⅱ 債権** 3,600円　**Ⅲ 親族・相続** 2,800円

成瀬幸典・安田拓人 編
判例プラクティス刑法Ⅰ総論 4,000円

成瀬幸典・安田拓人・島田聡一郎 編
判例プラクティス刑法Ⅱ各論 4,480円

石田 穣 著　**物権法**（民法大系2）4,800円

石田 穣 著　**担保物権法**（民法大系3）10,000円

加賀山茂 著　**現代民法学習法入門** 2,800円

加賀山茂 著　**現代民法担保法** 6,800円

民法改正研究会（代表加藤雅信）12,000円
民法改正と世界の民法典

東京弁護士会（会長竹之内明）編著
**「民法（債権関係）の改正に関する
中間的な論点整理」に対する意見書**

新 正幸 著　**憲法訴訟論** 第2版 8,800円

潮見佳男 著　**プラクティス民法 債権総論**（第3版）4,000円
債権総論Ⅰ（第2版）4,800円　**債権総論Ⅱ**（第3版）4,800円
契約各論Ⅰ 4,200円　**契約各論Ⅱ** 近刊
不法行為法Ⅰ（第2版）4,700円　**不法行為法Ⅱ**（第2版）4,600円
不法行為法Ⅲ（第2版）近刊

信山社

石田 穣 著 **物権法**(民法大系2) 4,800円

石田 穣 著 **担保物権法**(民法大系3) 10,000円

加賀山茂 著 **現代民法学習法入門** 2,800円

加賀山茂 著 **現代民法担保法** 6,800円

民法改正研究会（代表加藤雅信） 12,000円
民法改正と世界の民法典

新 正幸 著 **憲法訴訟論** 第2版 8,800円

潮見佳男 著

プラクティス民法 債権総論 (第3版) 4,000円
債権総論Ⅰ (第2版) 4,800円　債権総論Ⅱ (第3版) 4,800円
契約各論Ⅰ 4,200円　　契約各論Ⅱ 近刊
不法行為法Ⅰ (第2版) 4,700円　不法行為法Ⅱ (第2版) 4,600円
不法行為法Ⅲ (第2版) 近刊

憲法判例研究会 編

淺野博宣・尾形健・小島慎司・宍戸常寿・曽我部真裕・中林暁生・山本龍彦
判例プラクティス憲法　予4,800円

松本恒雄・潮見佳男 編
判例プラクティス民法Ⅰ・Ⅱ・Ⅲ (全3冊完結)

Ⅰ総則物権 3,600円　Ⅱ債権 3,600円　Ⅲ親族相続 3,200円

成瀬幸典・安田拓人 編
判例プラクティス刑法Ⅰ総論 4,800円

成瀬幸典・安田拓人・島田聡一郎 編
判例プラクティス刑法Ⅱ各論　予4,800円

信山社

◇法学講義六法◇

石川 明 (民訴法)・池田真朗 (民法)・宮島 司 (商法・会社法)
三上威彦 (倒産法)・大森正仁 (国際法)・三木浩一 (民訴法)
小山 剛 (憲法)

法学六法'12
並製箱入り四六携帯版　1,000円

標準六法'12
並製箱入り四六携帯版　1,250円

小笠原正・塩野 宏・松尾浩也編集代表

スポーツ六法2011
並製箱入り四六携帯版　2,500円

田村和之編集代表

保育六法 2,200円
(第2版)

甲斐克則編

医事法六法 2,200円

山下泰子・辻村みよ子・浅倉むつ子・
二宮周平・戒能民江編

ジェンダー六法 3200円

編集代表　芹田健太郎

森川俊孝・黒神直純・林美香・李禎之編

コンパクト学習条約集 1,450円